GEOMETRÍA
1° Y 2° BÁSICO

Carlos Fernández Muñoz
Profesor de Educación General Básica
Pontificia Universidad Católica de Chile
Metodología Enseñanza de la Geometría Primer Ciclo Básico
Universidad de Concepción

CADUCEUS

GEOMETRÍA
1° Y 2° BÁSICO
© Carlos Fernández Múñoz

Editado por: Corporación Ígneo, S.A.C.
para su sello editorial Caduceus
Av. Arequipa 185 1380, Urb. Santa Beatriz. Lima, Perú
Primera edición, marzo, 2023

ISBN: 978-612-49051-6-2
Impresión bajo demanda

Hecho el Depósito Legal en la Biblioteca Nacional del Perú N° 2023-02302
Se terminó de imprimir en marzo de 2023 en:
ALEPH IMPRESIONES SRL
Jr. Risso Nro. 580 Lince, Lima

www.grupoigneo.com
contacto@grupoigneo.com
Facebook: Grupo Ígneo
Twitter: @editorialigneo
Instagram: @grupoigneo

ÍNDICE

PRIMER AÑO

UBICACIÓN ESPACIAL

- Sigue las instrucciones que da tu profesor o profesora.

Levanta tu mano derecha

Levanta tu mano izquierda

- Levanta el brazo derecho y verbaliza tu acción: «Tengo levantado el brazo derecho».
- Estrecha la mano a un compañero, tomando nota de que siempre se da la mano derecha al saludar.
- Levanta el brazo izquierdo y verbaliza tu acción: «Tengo levantado el brazo izquierdo».
- Asocia actividades que realizas usando tu mano derecha o izquierda, según si eres diestro o zurdo: peinarte, dibujar, lavarse, etc.

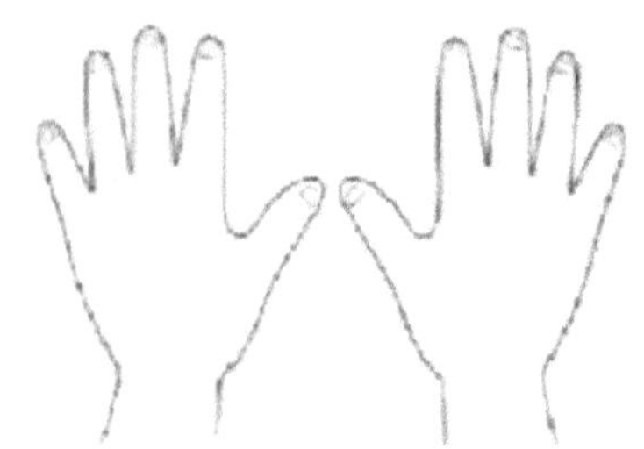

- Pinta de color rojo la mano derecha y de azul la izquierda.

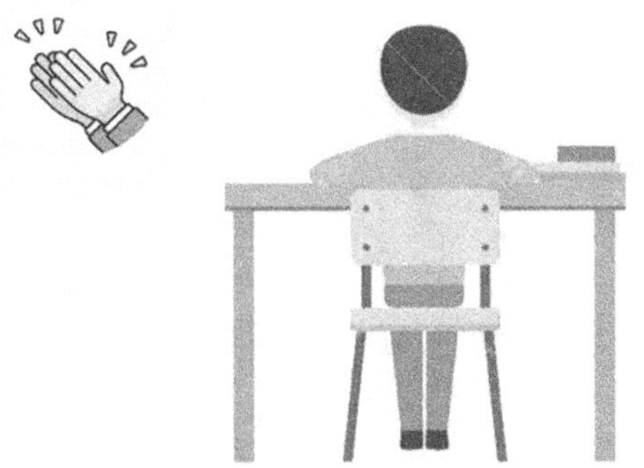

Aplaude a la izquierda

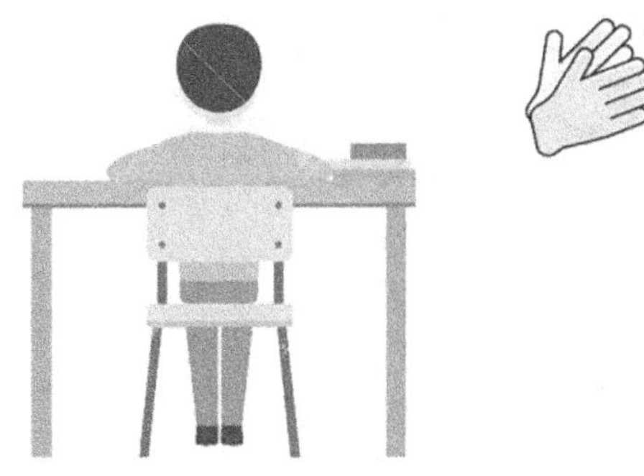

Aplaude a la derecha

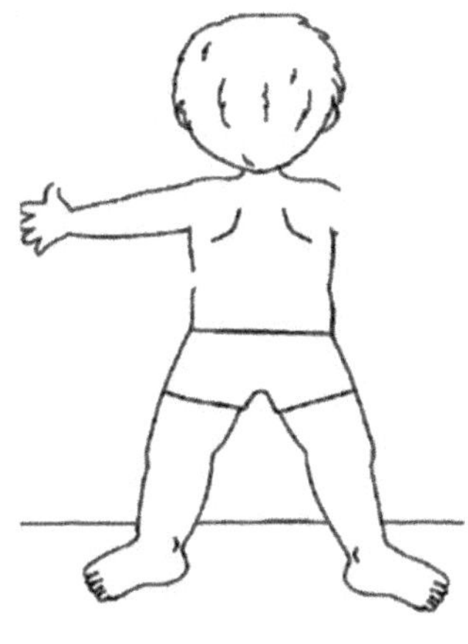

Extiende el brazo izquierdo, mirando al pizarrón

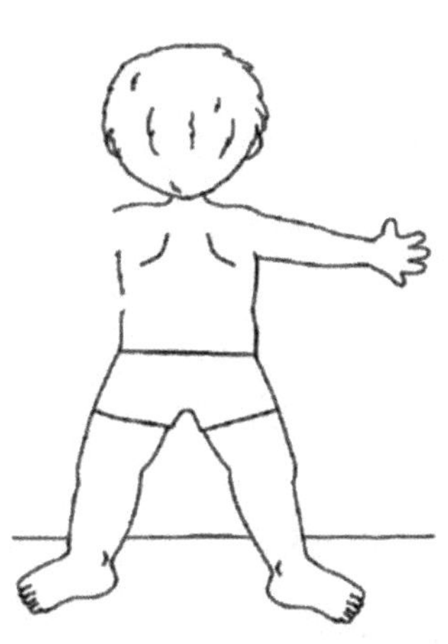

Extiende el brazo derecho, mirando al pizarrón

Levanta el mismo brazo que levanta el niño

Levanta el mismo brazo que levanta el niño

Pinta de rojo el brazo derecho de cada figura

Pinta de café el pie izquierdo de cada figura

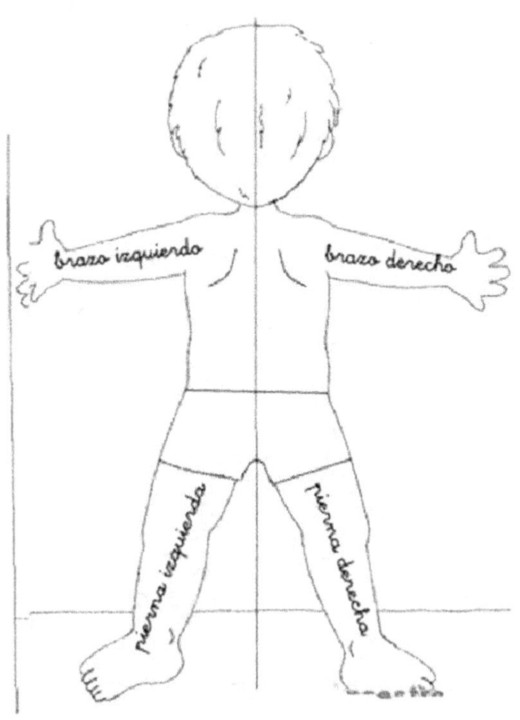

Pinta el lado izquierdo del niño

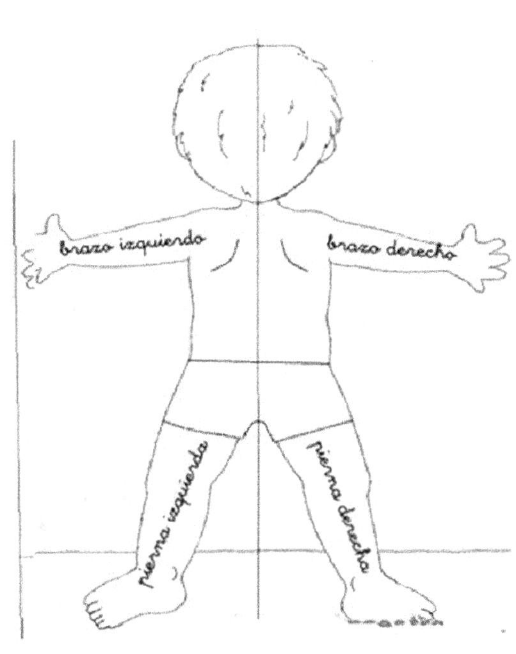

Pinta el lado derecho del niño

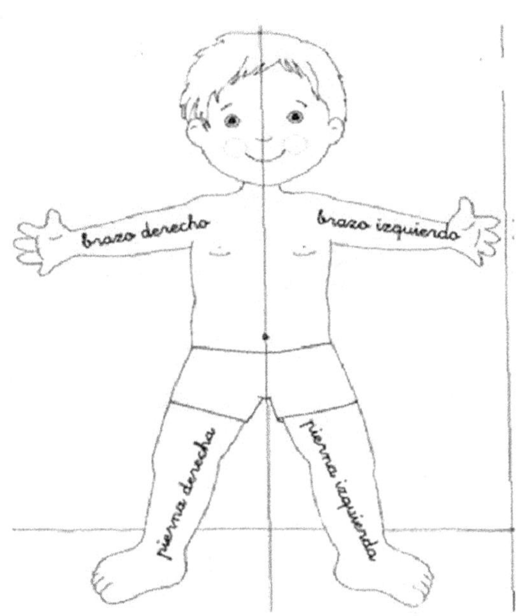

Pinta el lado derecho del niño

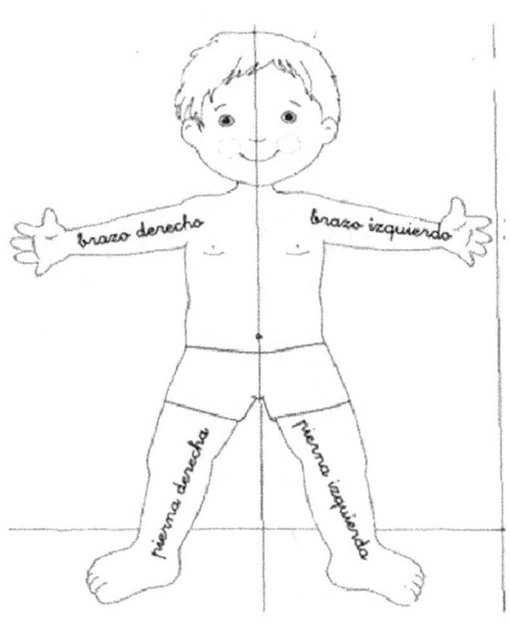

Pinta el lado izquierdo del niño

- Marca con una X la mano derecha en todas las figuras.

- Marca con una X la oreja derecha y el pie izquierdo del niño.

- Marca con una X la oreja izquierda y la mano derecha del niño.

Encierra en una línea curva cerrada el animal que está a la derecha del niño.

Marca los objetos que están a la derecha de Magdalena.

Si te paras justo al frente y mirando hacia la lámpara,
pinta los objetos que se encuentran a tu izquierda.

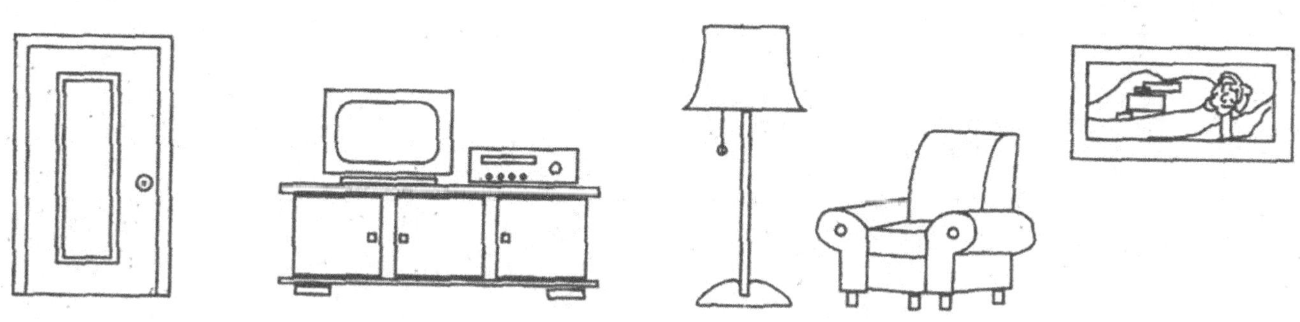

- Observa la imagen y responde escribiendo tu respuesta.
  a. ¿Quién está atrás de Rosa?

  ____

  b. ¿Quién está delante de Ana?

  ____

  c. ¿Quién está entre Rosa y Raúl?

  ____

  d. ¿Quién está entre Ana y Leo?

  ____

  e. ¿Quién está delante de Leo?

  ____

  f. ¿Quién está delante de Juan?

  ____

g. ¿Quién está atrás de Lily?

____

h. ¿Quién está atrás de Raúl?

____

i. ¿Quién está a la derecha de Lily?

____

j. ¿Quién está a la izquierda de Juan?

____

• Escribe en el interior de cada rectángulo la palabra correspondiente:

a. Detrás

b. Delante

c. Derecha

d. Izquierda

e. Arriba

f. Abajo

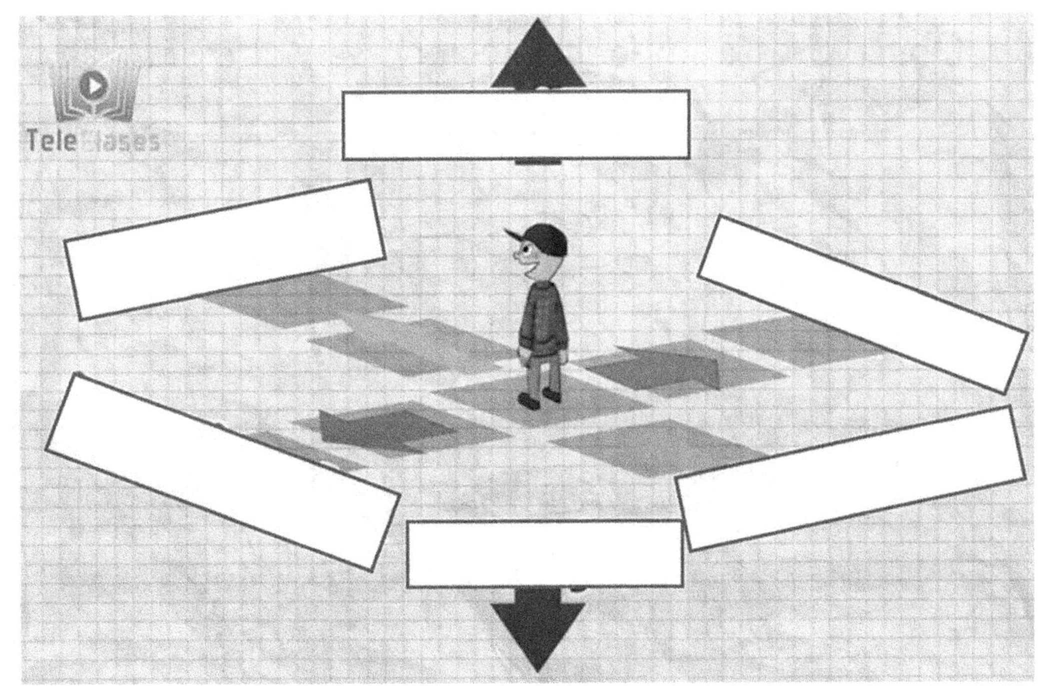

Delante de mí está

____

A mi izquierda está

____

A mi derecha está

____

Detrás de mí está

____

- Observa esta imagen que representa la sala de clases.

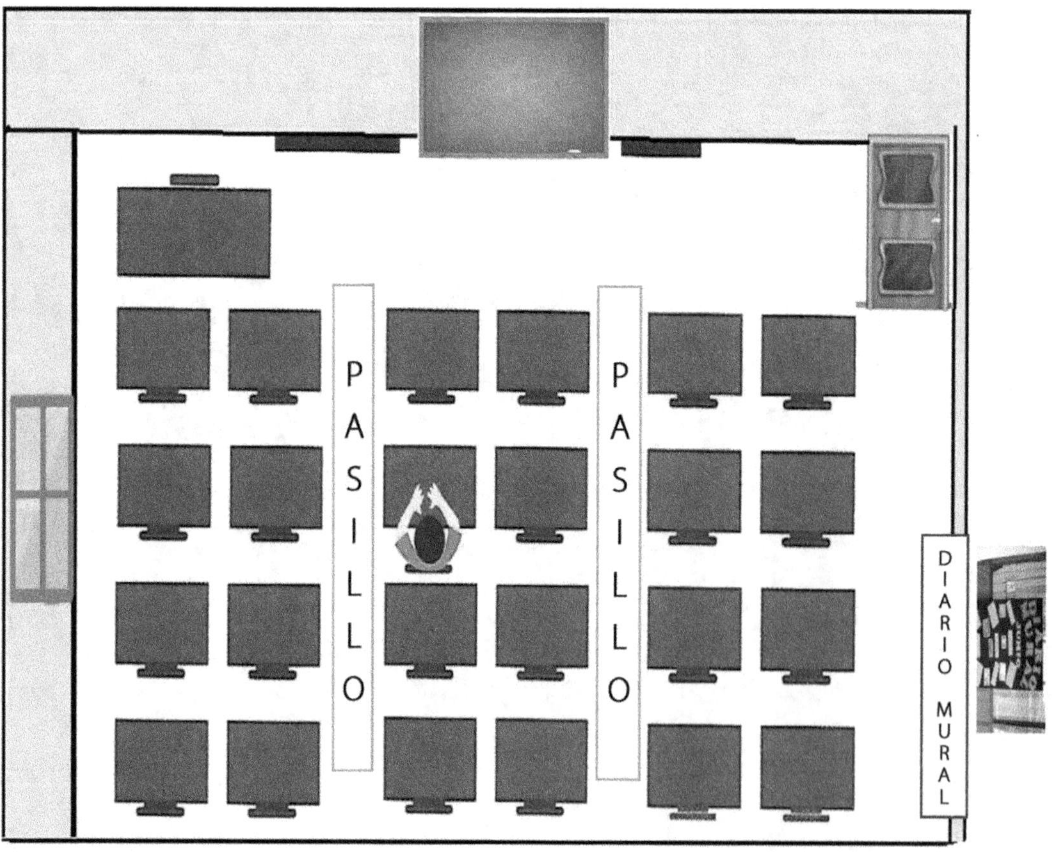

- Si José avanza por el pasillo, dos mesas hacia adelante y dos mesas hacia la izquierda, ¿a dónde llega?
    a. A la ventana
    b. A la puerta
    c. Al escritorio del profesor
    d. Al diario mural

- Si José avanza dos mesas hacia adelante, cuatro mesas hacia la derecha y tres mesas hacia el fondo de la sala de clases, ¿a dónde llega?
    a. A la ventana
    b. A la puerta
    c. Al escritorio del profesor
    d. Al diario mural

- ¿Qué instrucciones se le tienen que dar a José para que llegue al escritorio del profesor?

    ____

    ____

- ¿Qué instrucciones se le tienen que dar a José para que llegue a la puerta?

    ____

    ____

- Marca con una X las figuras que están arriba y encierra en una línea curva cerrada las que están abajo.

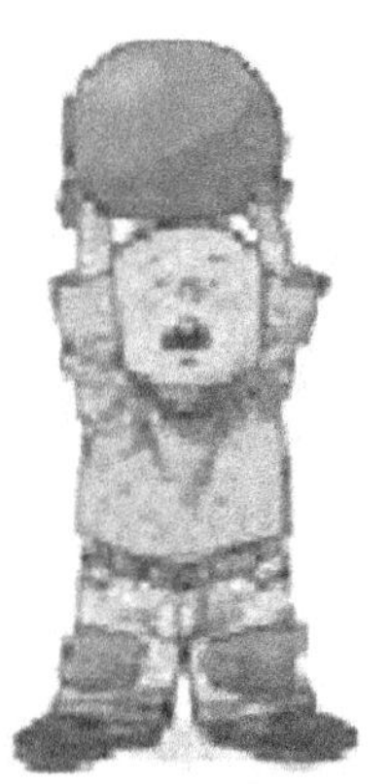

- Marca con una X las figuras que están detrás.

  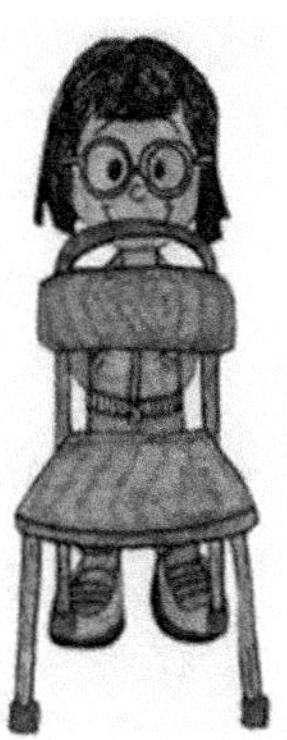

- Encierra en una línea curva cerrada cada figura que esté sobre otra.

 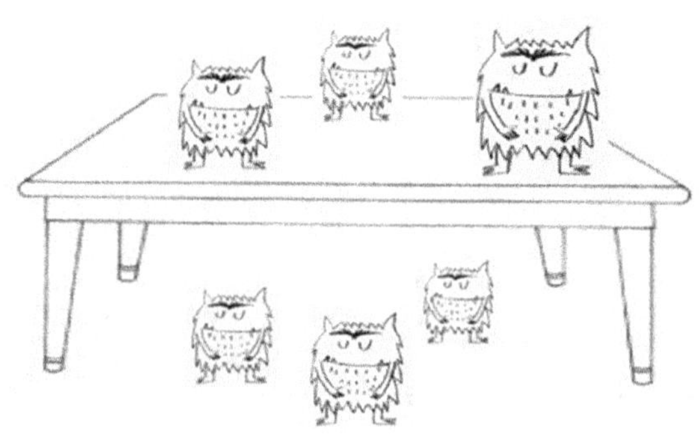

- Marca con una X la figura que está dentro de otra.

  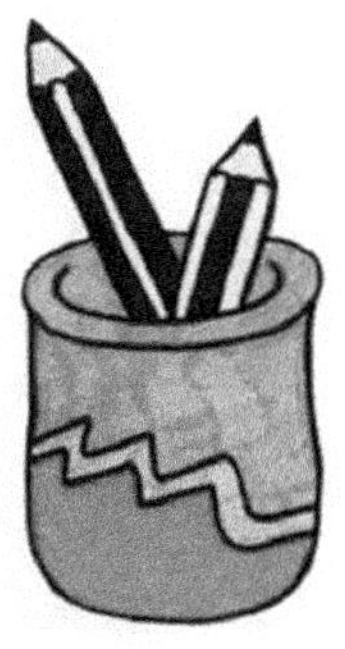

- Encierra en una línea curva cerrada cada figura que está entre otras.

CERCA Y LEJOS

- Marca con una X la figura que está lejos.

- Observa la imagen y luego escribe la palabra que corresponda.

El chofer va delante de _______________________________________

En el bus, Leo está delante de _______________________________

El último niño que subirá al bus es_____________________________

Fuera del bus, está entre Luis y Juan___________________________

El primer niño que subirá al bus es ____________________________

¿Qué brazo extiende José fuera de la ventanilla del bus?

____

El niño que está más cerca del bus es _________________________

El niño que está más lejos del bus es __________________________

La niña apoya su mano ____________________________en la mochila

26

- Escribe del 1 al 3 y ordena cada secuencia.

1. Observa y responde encerrando en una línea curva cerrada tu respuesta.

   a.   ¿Quién está a la derecha de Ema?

Elmer   Ema   José

b.   ¿Quién está a la derecha de la niña?

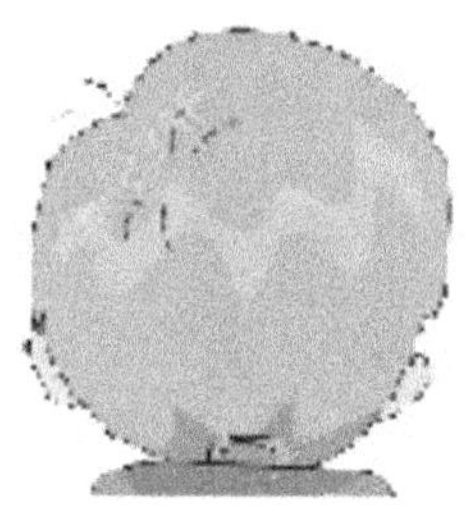

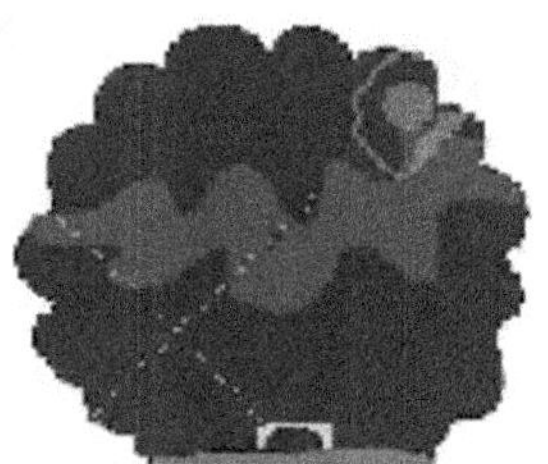

2.   Marca con una X la niña debajo de la mesa.

3. Encierra en una línea curva cerrada al niño que está delante de la
   mesa.

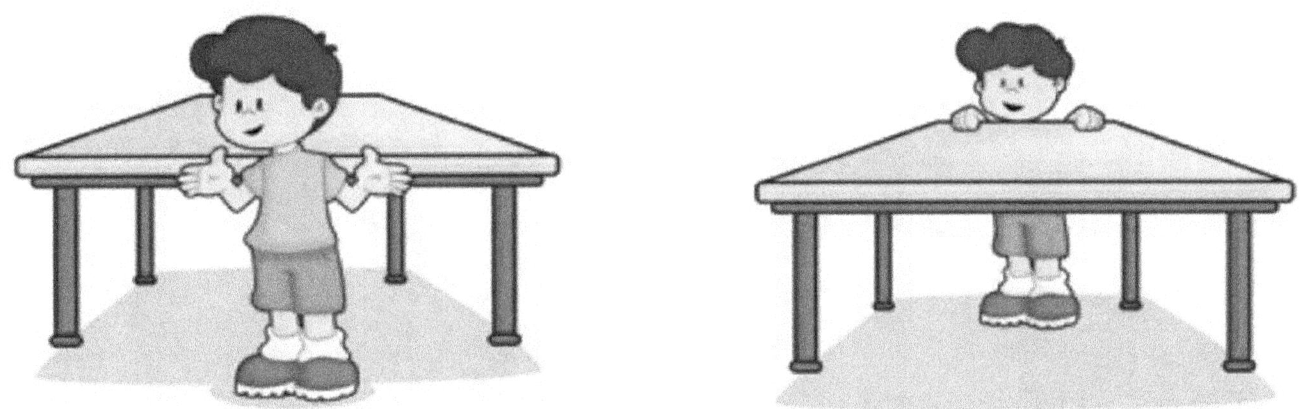

4. Marca con una X la caja que contiene al gato dentro.

5. Encierra en una línea curva cerrada el ratón que está arriba de la
   escalera.

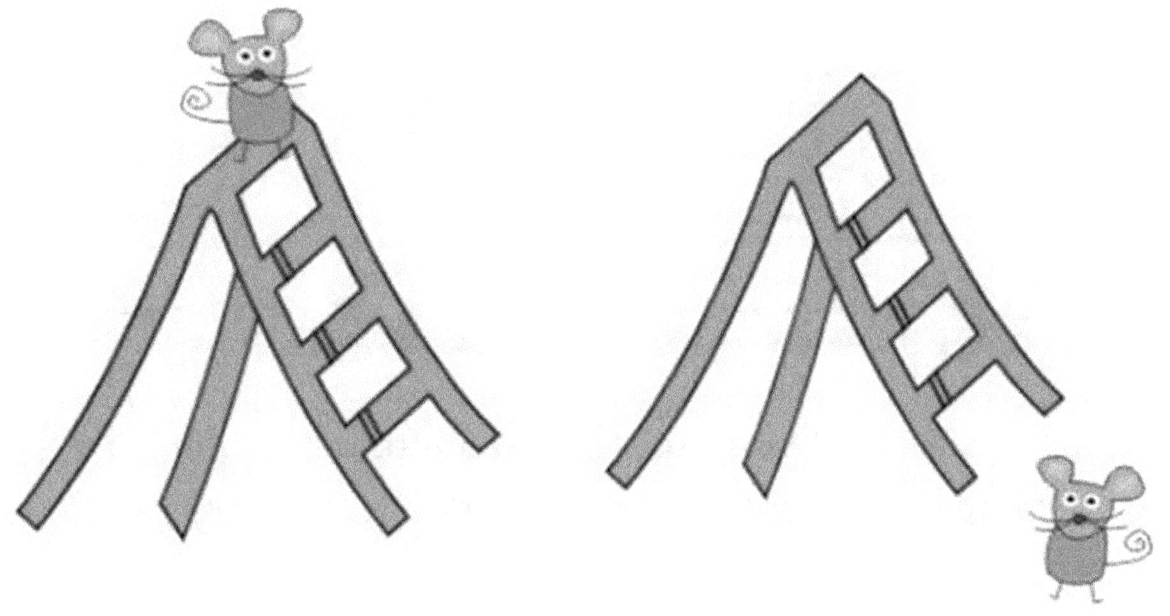

6. Encierra en una línea curva cerrada el pescado cerca del gato.

7. Encierra en una línea curva cerrada la figura que está entre las otras.

a. Los pasajeros de un bus están delante del chofer
b. El chofer de un bus está delante de los pasajeros

9. Escribe los números del 1 al 3 para ordenar la secuencia.

ORDENA LA SECUENCIA DE FORMA CORRECTA

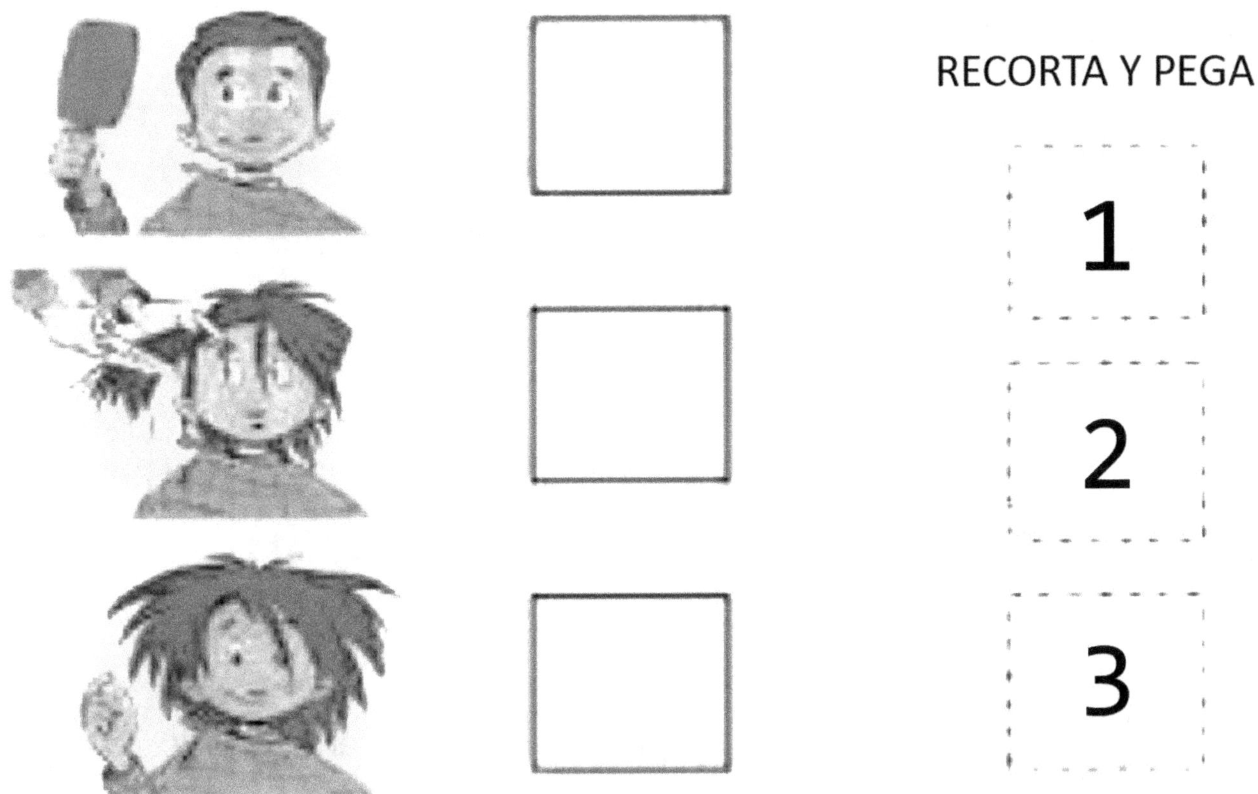

RECORTA Y PEGA

1

2

3

CLASIFICACIÓN DE OBJETOS

- Trae a la sala de clases objetos similares a los que ves.
- Encierra en una línea curva cerrada los objetos amarillos.
- Encierra en una línea curva cerrada los objetos rojos.

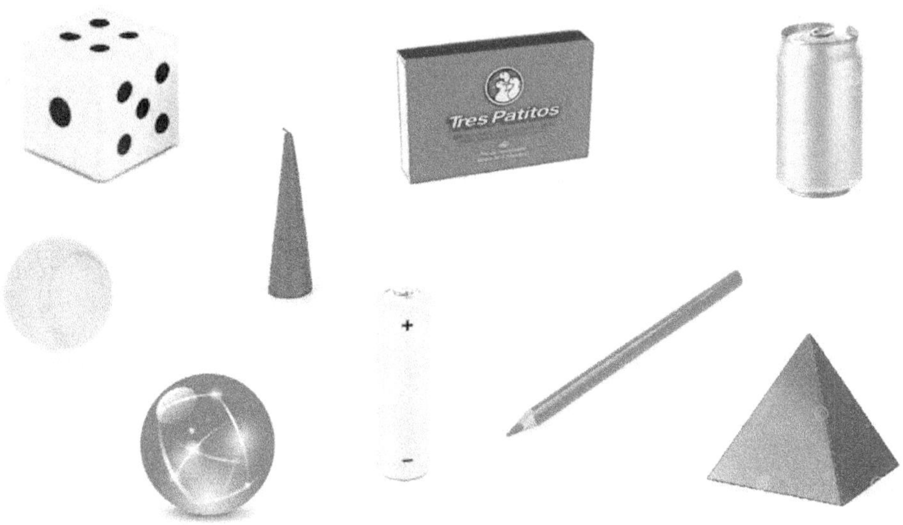

- Intenta hacer rodar los objetos que trajiste, también llamados cuerpos.
- Forma un grupo de cuerpos que ruedan y otro grupo de cuerpos que no ruedan.
- Clasifica los cuerpos por su tamaño y por su color predominante.

- Desliza los envases por la rampa para identificar los que ruedan y los que no ruedan.
- Marca con una X los objetos que ruedan.

Caras

- Pasa una mano por las caras de los cuerpos no redondos.
- Nota que los dedos de una mano se mantienen estirados al pasarlos.
- Advierte que cada uno de los lados, o caras del objeto, tiene total contacto con la superficie de la mesa.

- Llama **caras planas** a las caras de los cuerpos no redondos.

Orillas o bordes

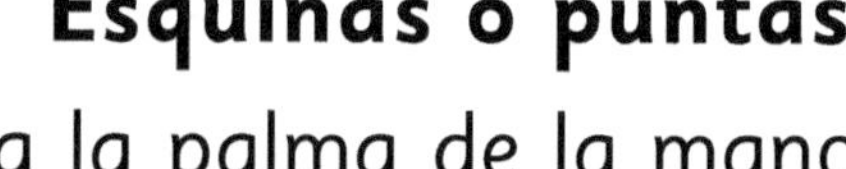

- Pasa la mano o el dedo índice por las orillas, las cuales se llaman **aristas**.

Esquinas o puntas

- Apoya la palma de la mano sobre las esquinas o puntas de los cuerpos, que después llamarán vértices.

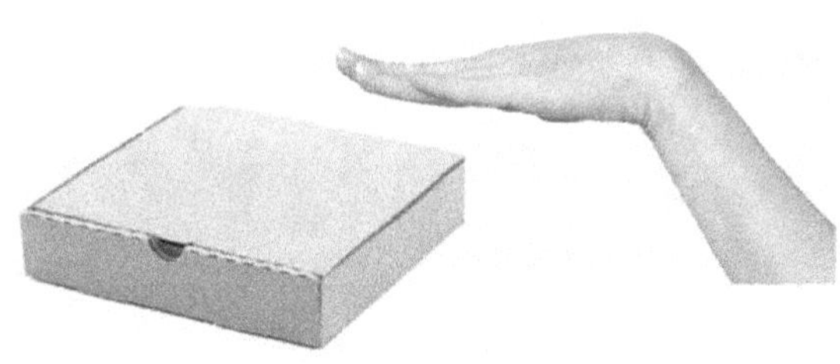

PARTES DE LOS OBJETOS REDONDOS

- Pasa una mano por la cara de una pelota.

- Nota que los dedos de una mano se curvan al tomar contacto con la cara de una pelota.

- Observa que una mínima parte de la cara de la pelota toca la superficie de la mesa.

- Llama **cara curva** a la única cara que presenta la pelota.

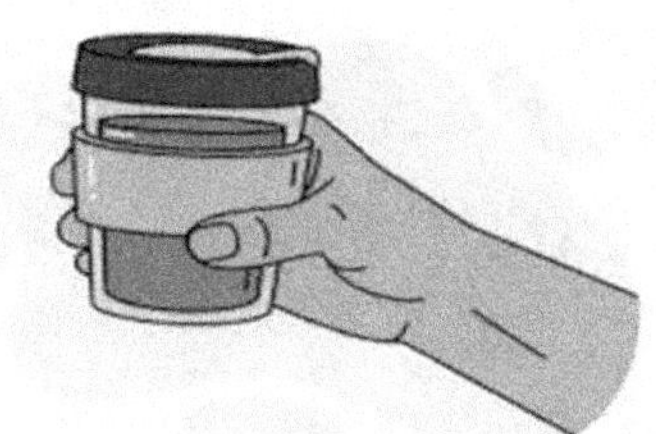

- Distingue que, al pasar una mano por las caras del envase cilíndrico, hay una cara lateral curva, dos caras basales planas y dos orillas curvas.

- Nota que, al pasar la mano por el barquillo de forma cónica, hay una cara lateral curva, una cara basal plana, una punta y una orilla curva.

- Haz una creación con los envases que has usado.

¿Se pueden poner todas las cajas o los envases unos sobre otros sin que se caigan?

____

____

¿Fue más fácil pegar las cajas por sus caras planas o los envases cilíndricos?

____

____

FIGURAS 3D: CUERPOS GEOMÉTRICOS NO REDONDOS

Imagina cada cuerpo con las mismas características de los diferentes objetos que ya has manipulado: igual número de caras, esquinas y orillas. No son de madera, ni de plástico, ni de plumavit, ni de cartón u otro material. Carecen de masa, textura y color. Estos son los cuerpos geométricos o figuras 3D.

- Escribe el nombre del cuerpo sobre la línea

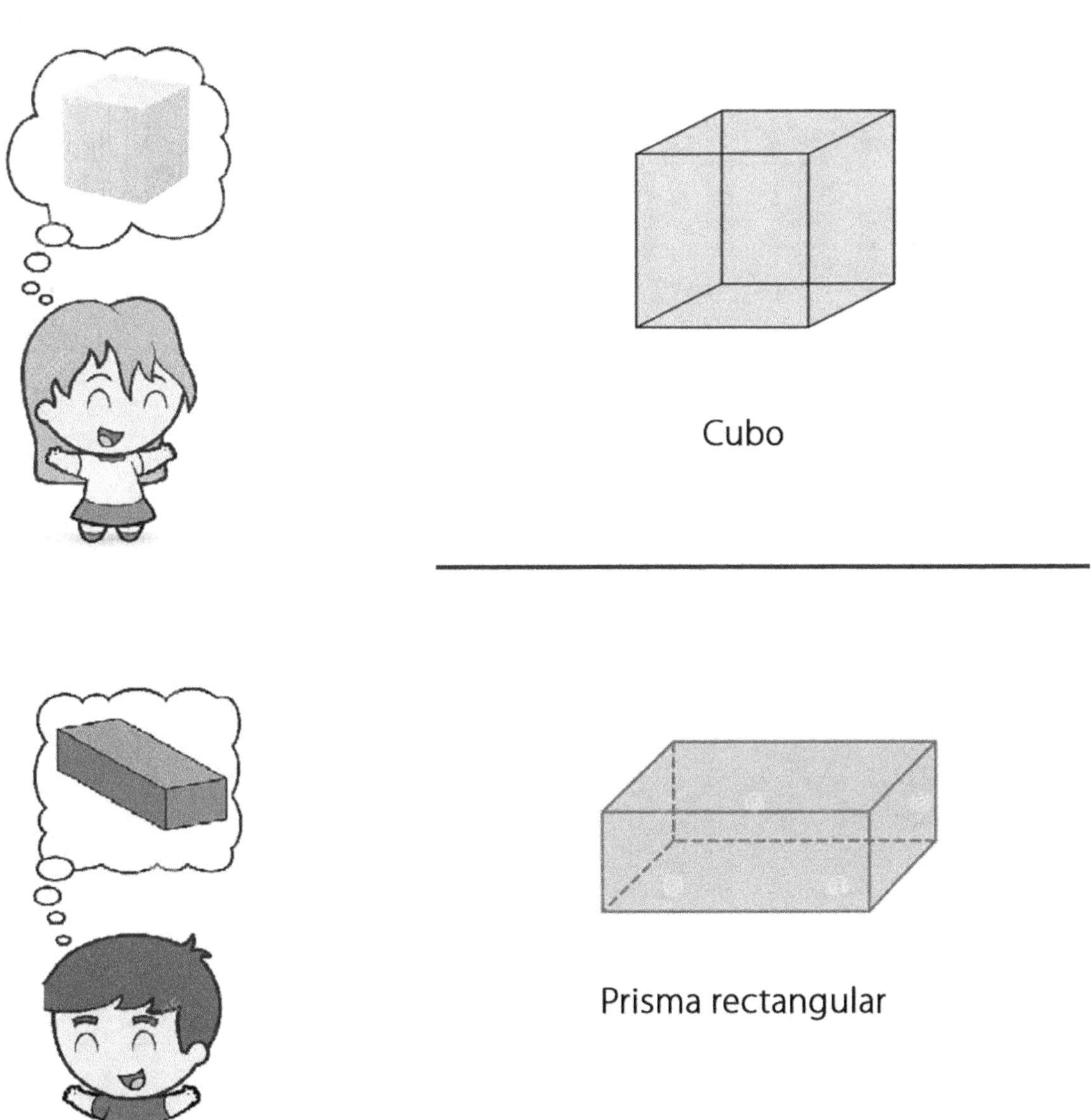

Cubo

Prisma rectangular

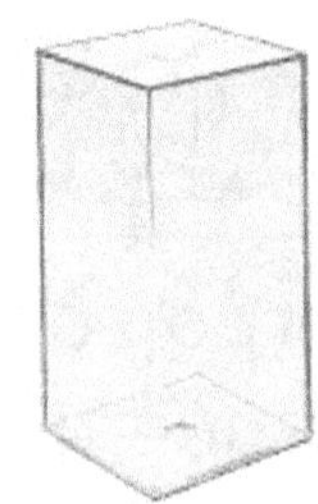

Prisma cuadrado

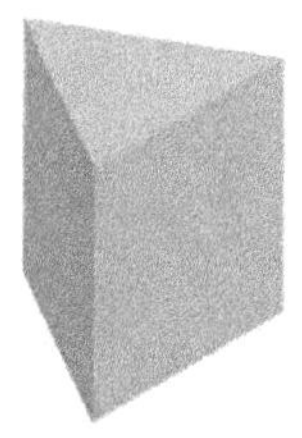

Prisma triangular

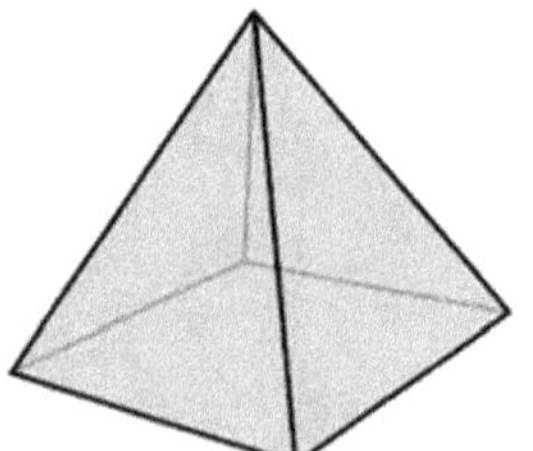

Pirámide cuadrada

Cilindro

Cono

Esfera

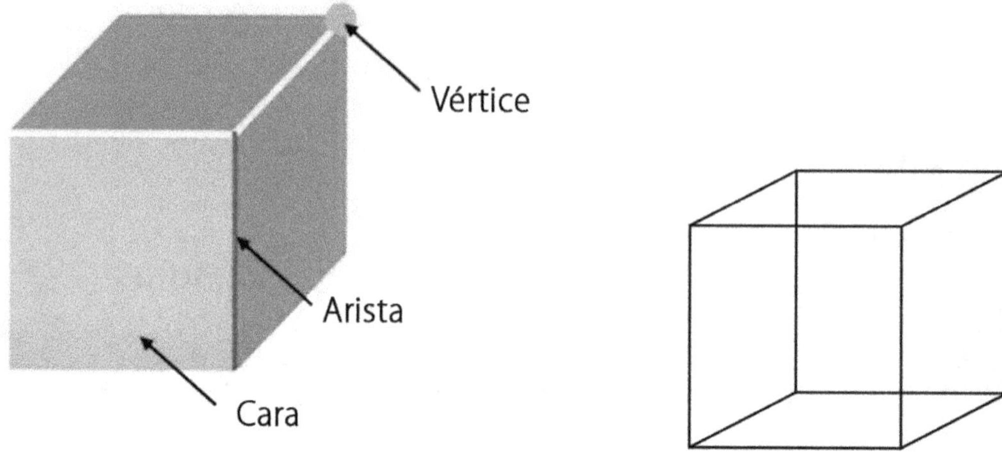

- Marca un punto rojo en cada esquina o vértice del cubo.
- Pinta de verde las caras del cubo.
- Repasa las orillas o aristas del cubo en color azul.
- Completa las siguientes oraciones:
  a. El cubo tiene _______________________ caras
  b. El cubo tiene _______________________ aristas
  c. El cubo tiene _______________________ vértices
- Encierra en una línea curva cerrada el cuerpo que se parece a un cubo.

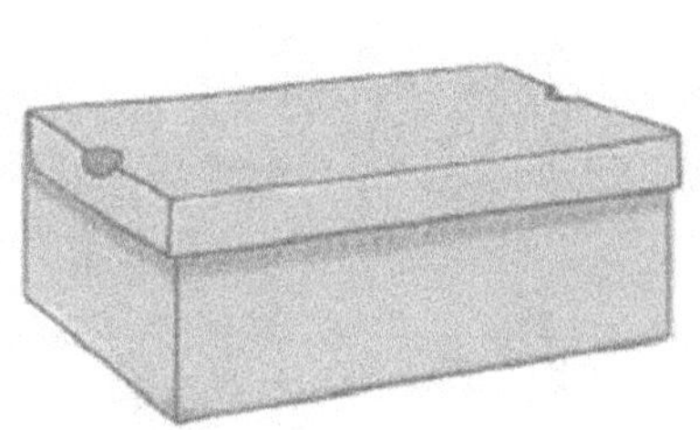

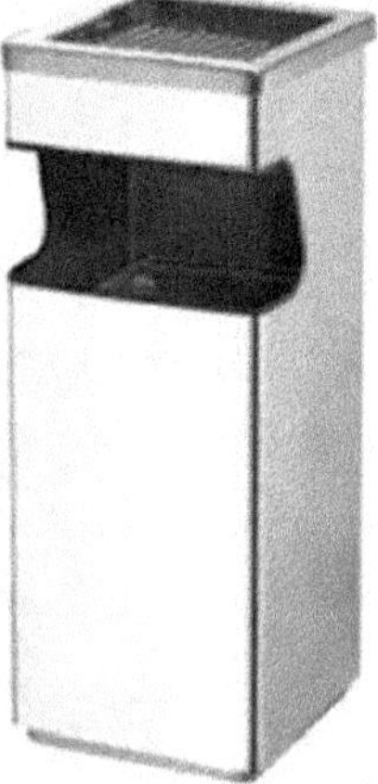

Los niños y niñas deben manipular representaciones de las figuras 3D.

LOS PRISMAS

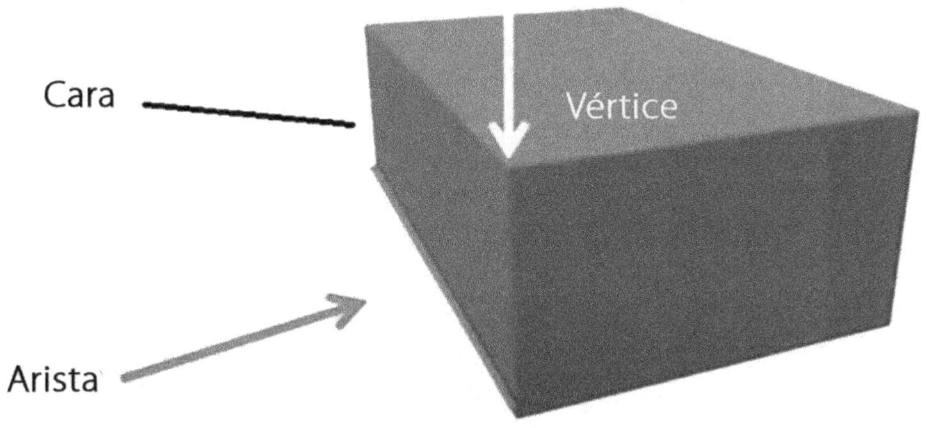

- Marca los vértices de los siguientes prismas con un punto rojo, las aristas con verde y las caras de otro color.
- Une con una línea el prisma con el objeto al que se asemeja.

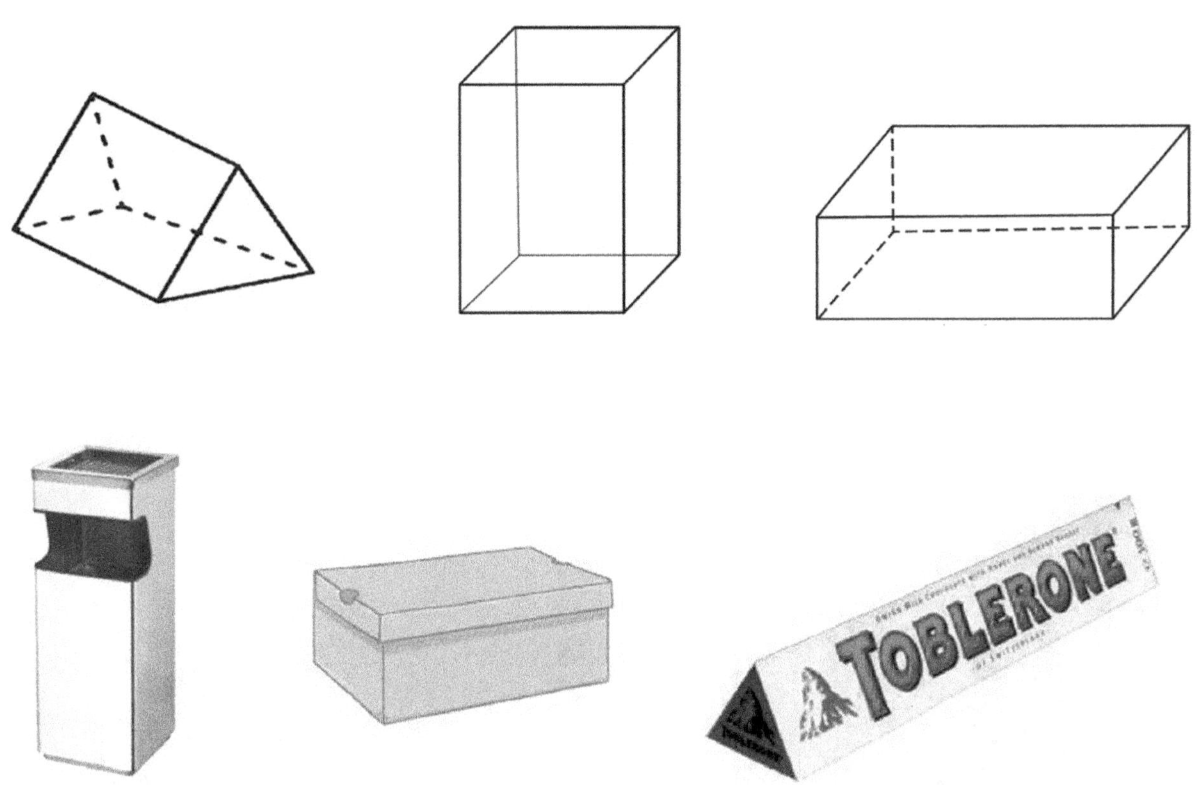

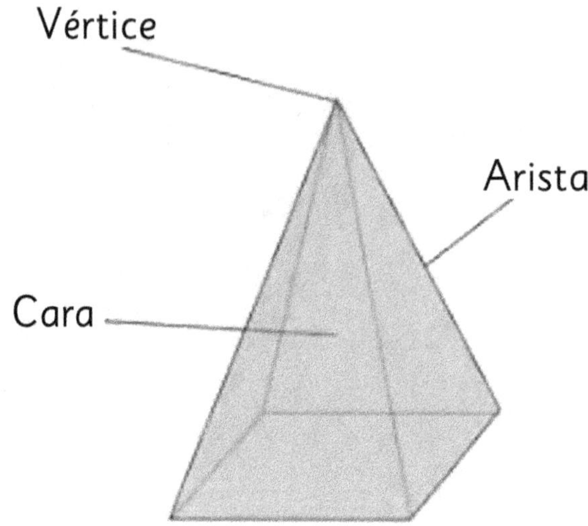

- Marca los vértices de las pirámides con rojo, las aristas con verde y las caras de otro color.
- Une con una línea la pirámide con el objeto al que se parezca.

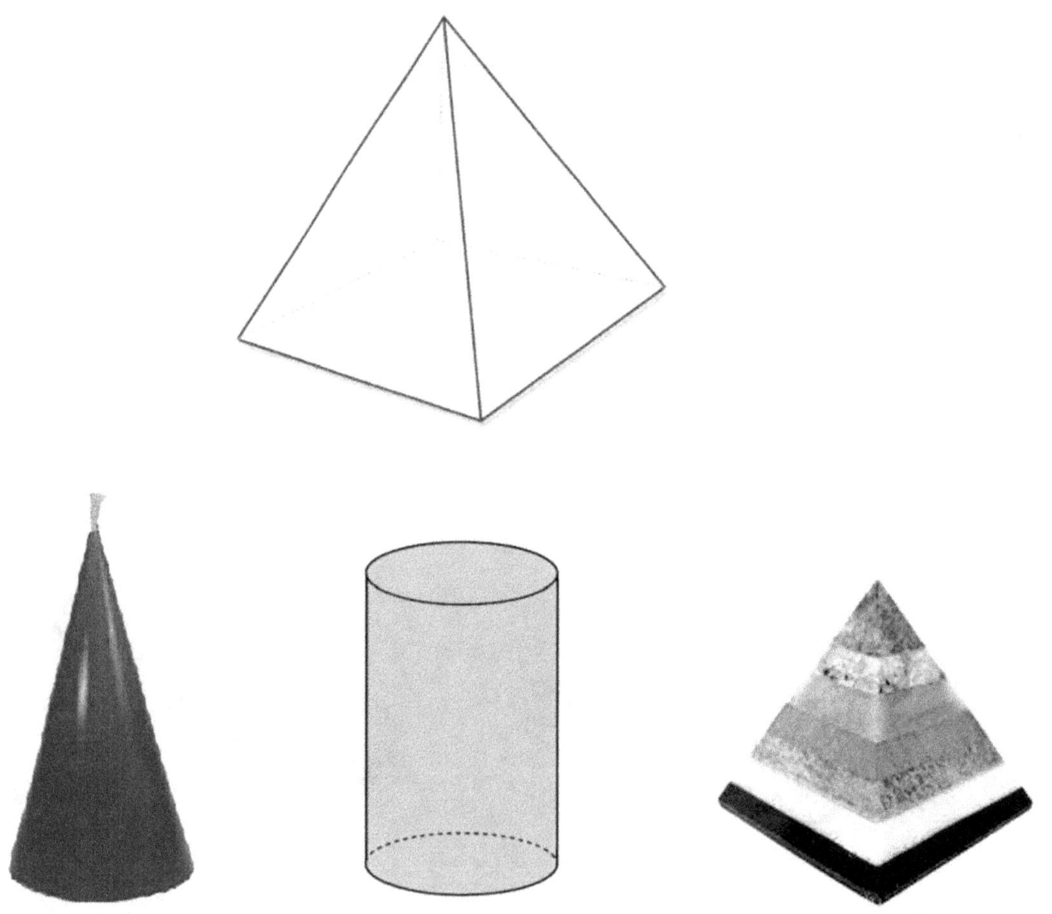

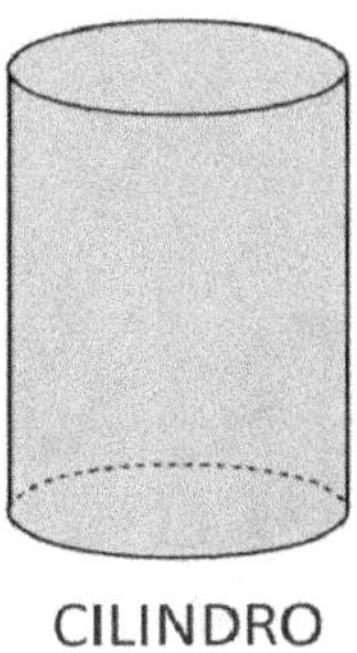
CILINDRO

CONO

ESFERA

Escribe el nombre del cuerpo sobre la línea

Cilindro _______________________________________

Cono _______________________________________

Esfera _______________________________________

- Marca el vértice con un punto rojo, las aristas con verde y las caras de otro color.
- Une con una línea cada cuerpo con el objeto al que se asemeja.

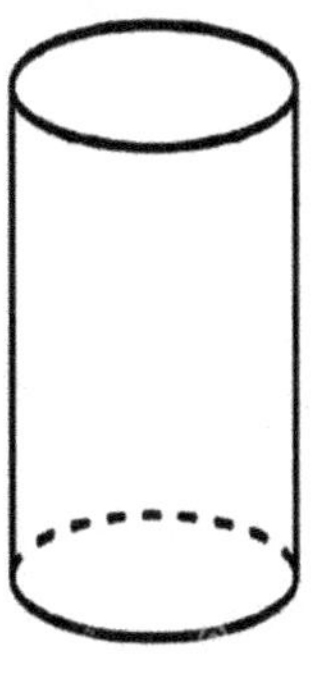

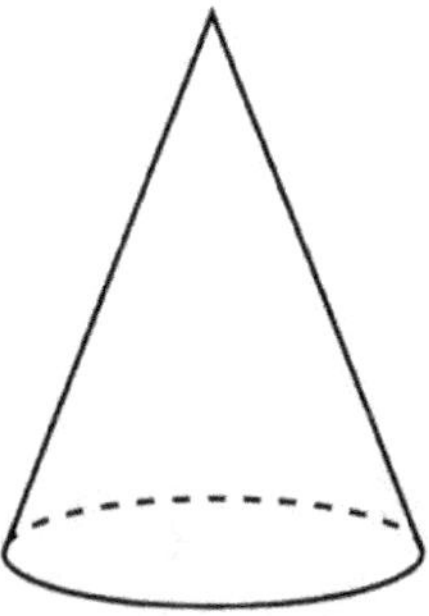

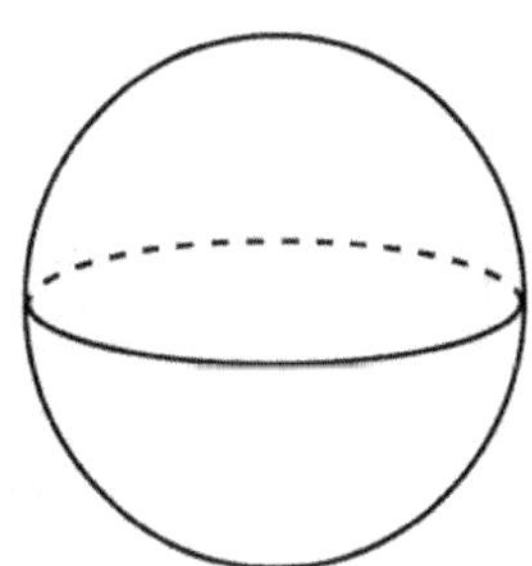

FIGURAS 3D Y OBJETOS DEL ENTORNO

- Une con una línea el cuerpo geométrico con el objeto correspondiente.

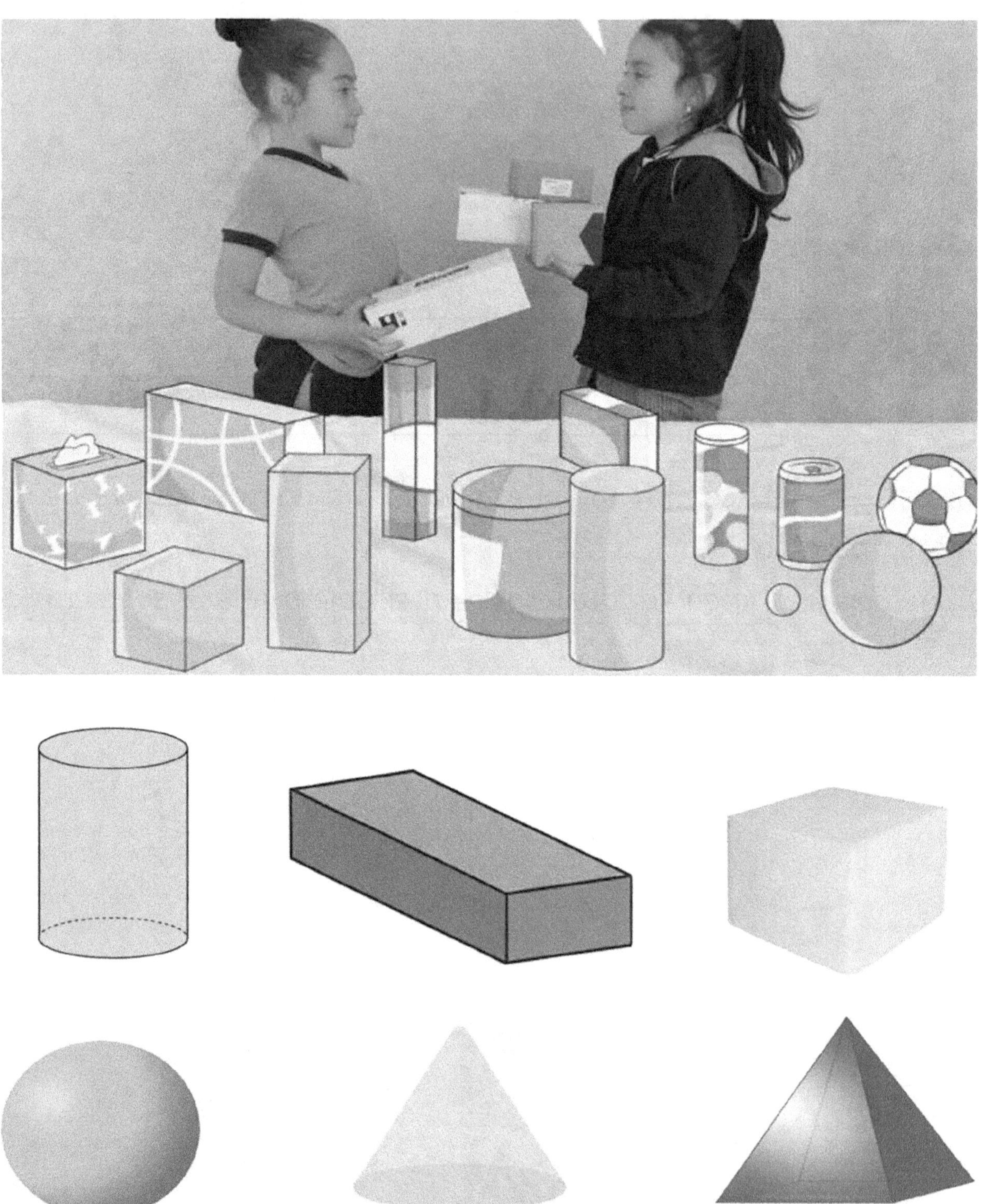

- Une con una línea cada par de objetos con la figura 3D a la que se asemejan.

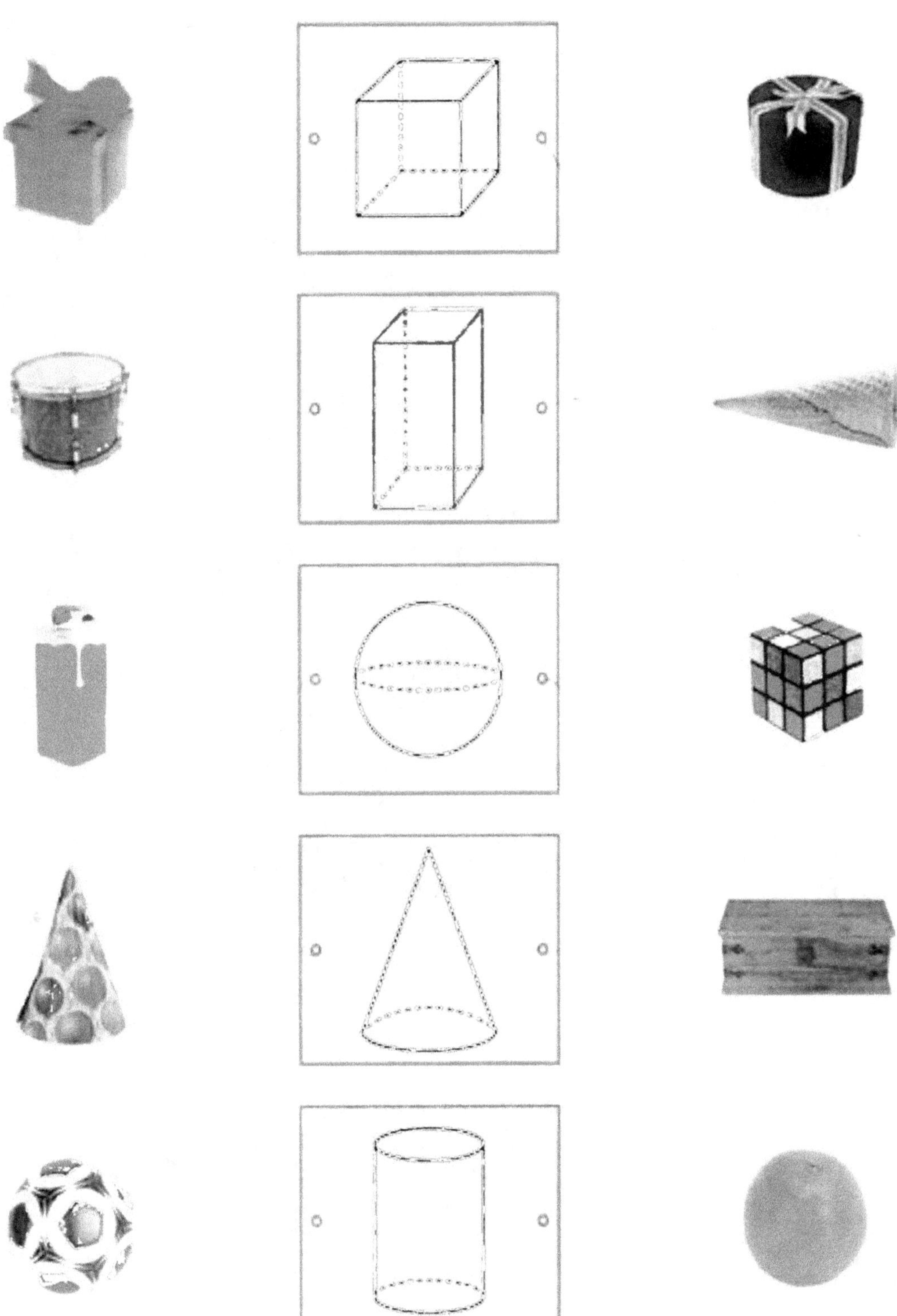

- Une la figura del entorno con el cuerpo geométrico al que se asemeja.

- Remarca las aristas de cada figura 3D con azul y los vértices con un punto rojo.
- Indica el número de vértices y de aristas de cada figura.

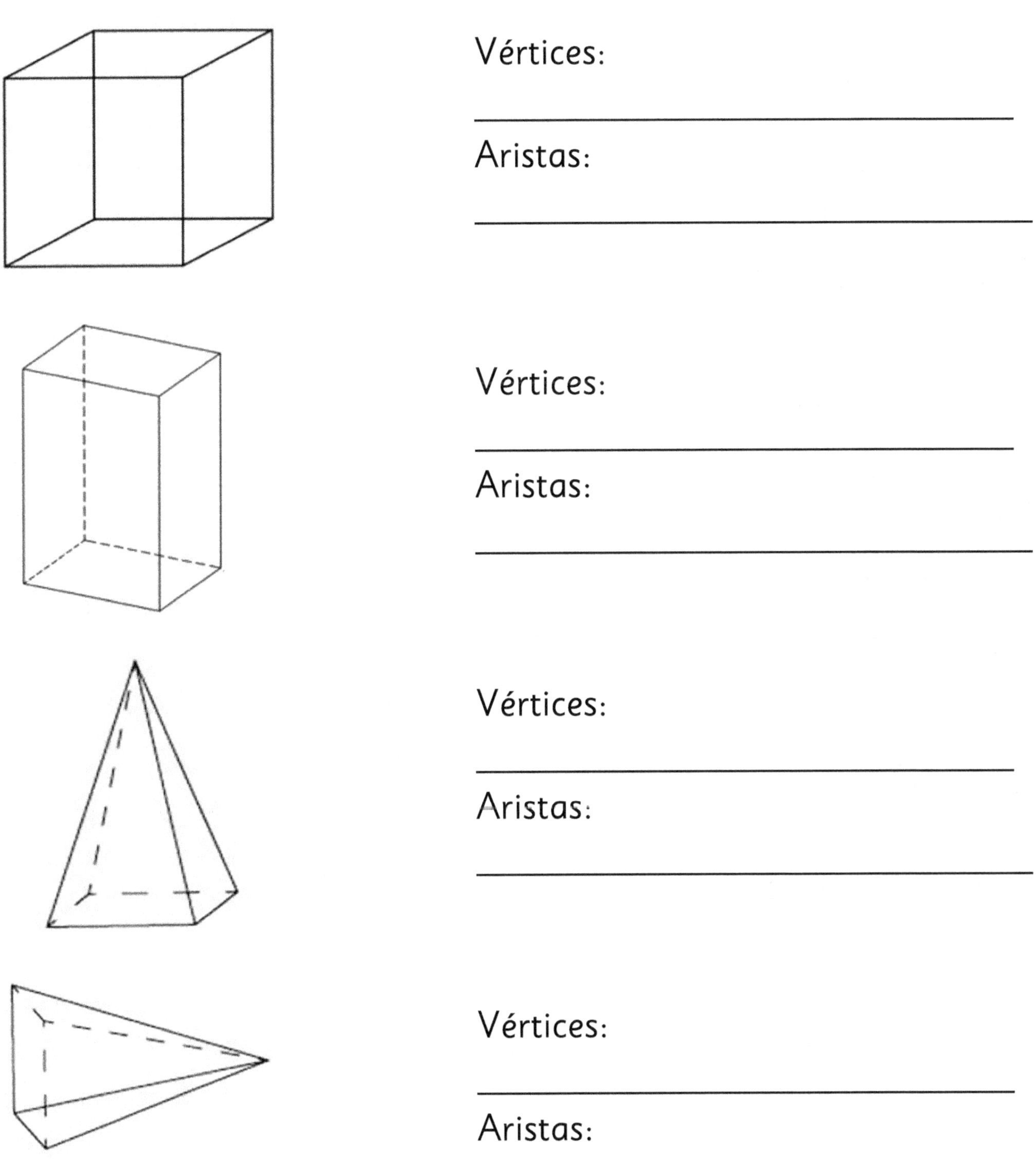

Vértices:

____

Aristas:

____

Vértices:

____

Aristas:

____

Vértices:

____

Aristas:

____

Vértices:

____

Aristas:

____

- Haz una X en la característica que tiene cada cuerpo.

Características	Cubo	Prisma rectangular
Tiene caras planas		
Tiene caras cuadradas		
Tiene 8 vértices		
Tiene 12 aristas		
Tiene caras rectangulares		
Tiene caras basales		

- Haz una X en la característica que tiene cada cuerpo.

Características	Cilindro	Cono
Tiene 1 cara plana circular		
Tiene 2 caras basales circulares planas		
Tiene 2 aristas circulares		
Tiene 1 arista circular		
Tiene 1 cara lateral curva		
Tiene 1 vértice superior		

- Haz una X en la característica que tiene cada cuerpo.

Características	Pirámide triangular	Prisma triangular
Caras planas		
1 cara basal triangular		
2 caras basales triangulares		
Tiene 4 vértices		
Tiene 6 vértices		
Tiene 6 aristas		
Tiene 9 aristas		
Tiene 3 caras triangulares laterales		
Tiene 3 caras laterales rectangulares		

Figuras 3D	Cantidad
Cubo	
Prisma cuadrado	
Prisma rectangular	
Cono	
Cilindro	
Pirámide de base cuadrada	
Pirámide de base triangular	

- Frente al curso verás una caja de zapatos con tapa y un orificio en ambos lados por donde es posible introducir las manos. En su interior encontrarás los siguientes cuerpos:

- Elige un cuerpo geométrico del interior de la caja. Debes palparlo y adivinar de qué cuerpo se trata. Debes decir el nombre en voz alta y mostrarlo a tus compañeros de curso.

- Cada niño tendrá su turno hasta que hayan adivinado el nombre de todos los cuerpos.

- Coloca en el interior de cada circunferencia el número que corresponde a su descripción:

  1. Figura 3D que tiene seis caras cuadradas iguales, ocho vértices y doce aristas.
  2. Figura 3D que tiene dos caras basales circulares, una cara lateral curva y dos aristas circulares.
  3. Figura 3D que tiene una cara basal circular, una arista, una cara lateral curva y un vértice.
  4. Figura 3D que tiene seis caras laterales rectangulares, ocho vértices y doce aristas.

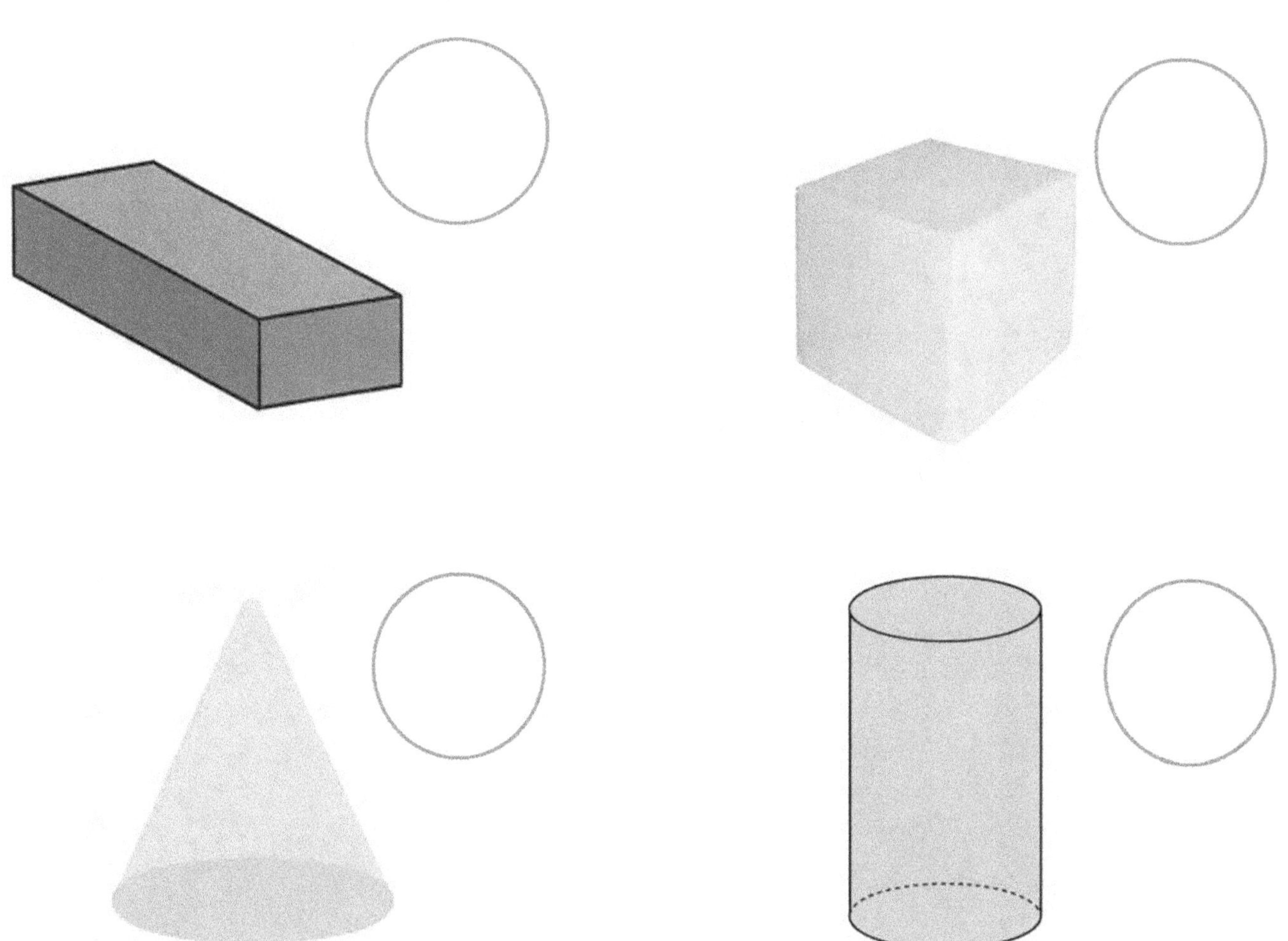

- Pinta las figuras 3D de acuerdo al color del agujero por donde pueden entrar a la caja.

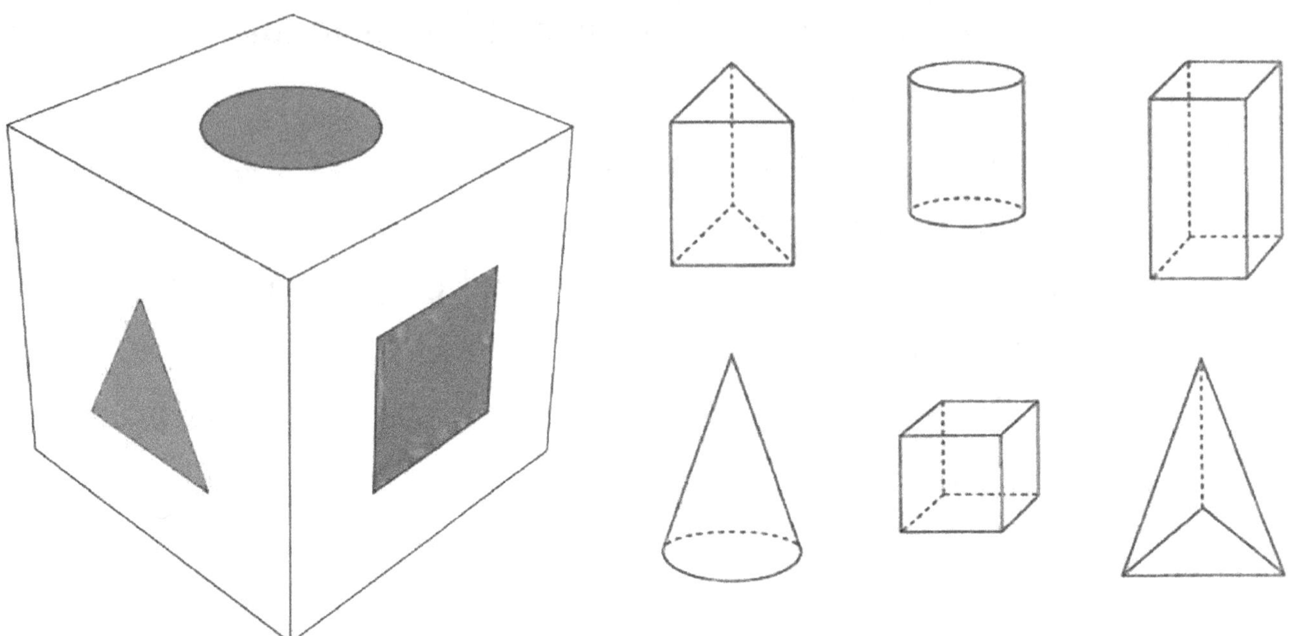

EVALUACIÓN

1. Une con una línea el objeto con la figura 3D a la que se asemeja.

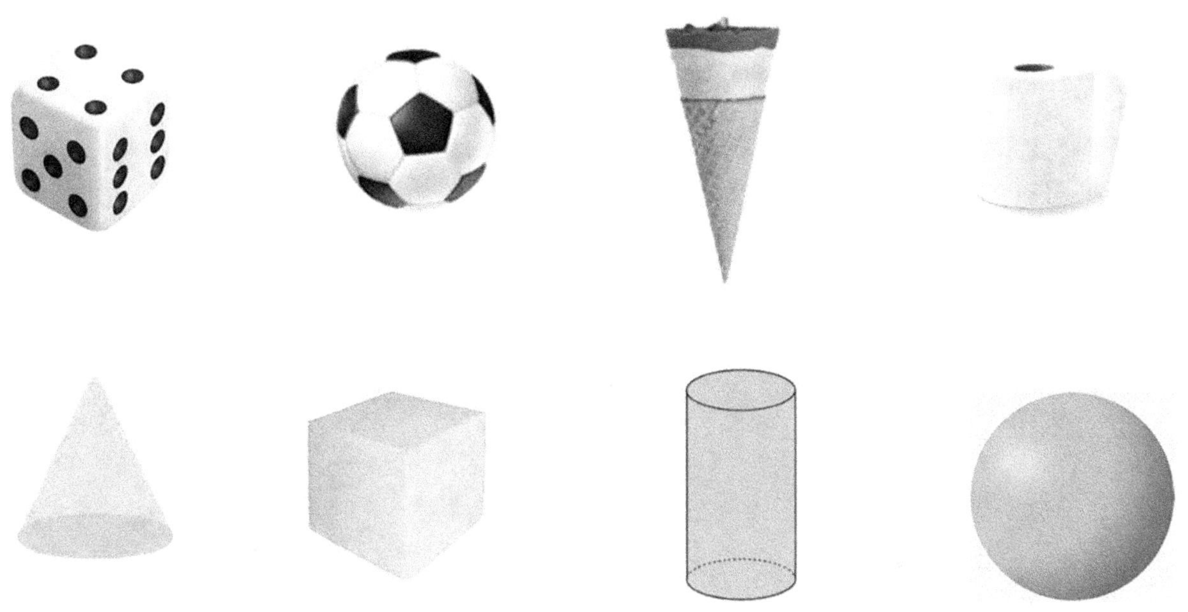

2. Une con una línea el objeto con la figura 3D a la que se asemeja.

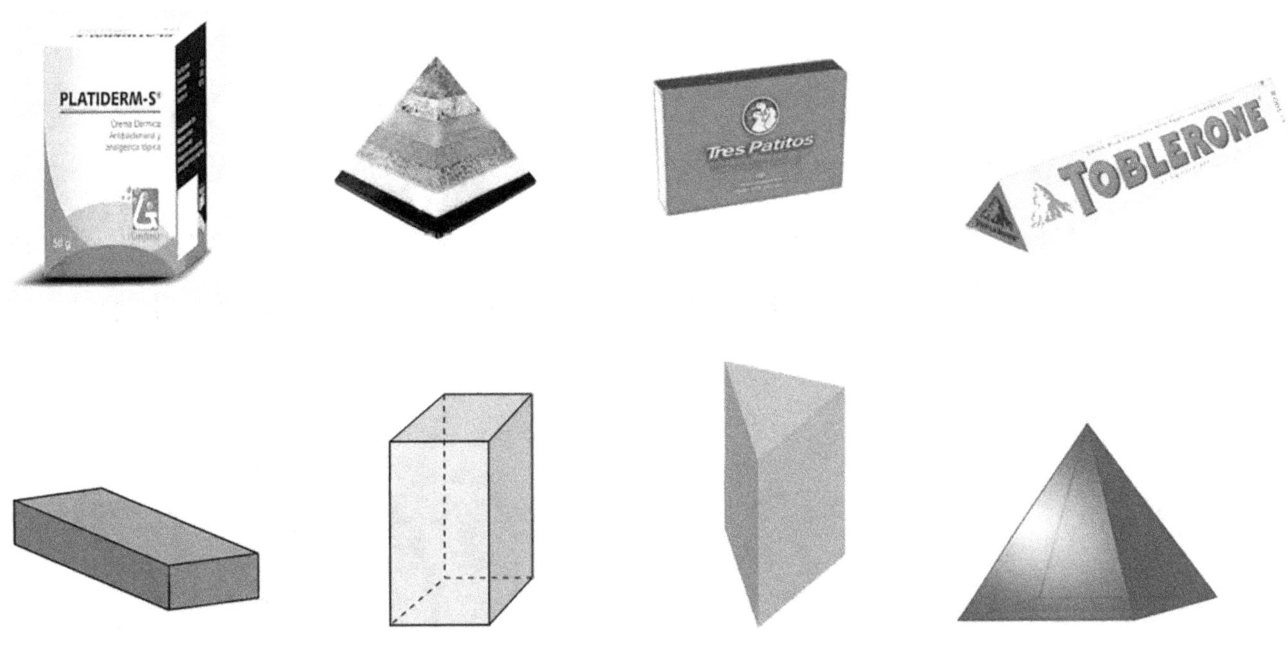

3. Una con una línea el objeto con el nombre del cuerpo geométrico al que se parece.

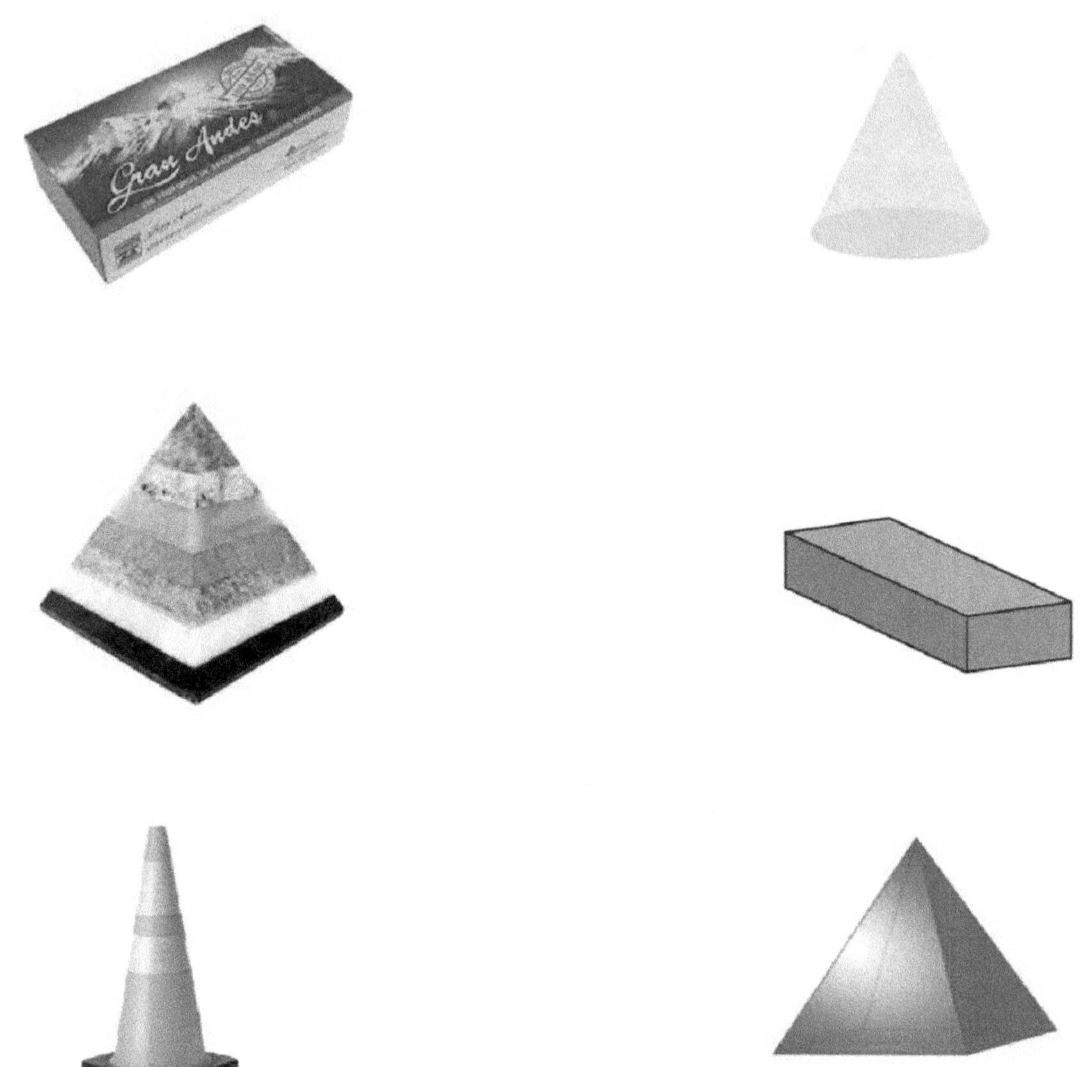

4. ¿Cuántos papeles de forma cuadrada necesita la niña para forrar un cubo?

a. 3

b. 4

c. 6

5. ¿Cuántos papeles de forma triangular necesita la niña para forrar las caras laterales de la pirámide?

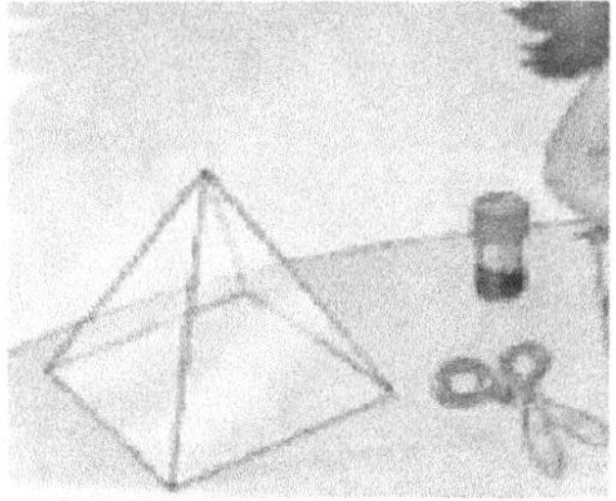

   a. 3 papeles

   b. 4 papeles

   c. 5 papeles

6. ¿Cuántos vértices tiene el prisma rectangular?

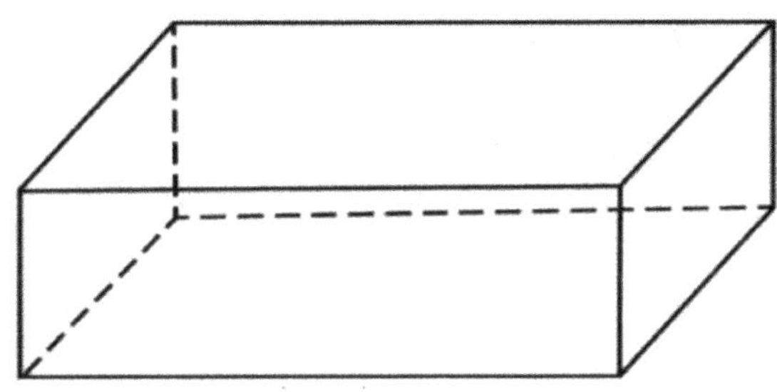

   a. 4 vértices

   b. 6 vértices

   c. 8 vértices

7. ¿Cuántas aristas tiene el prisma rectangular?

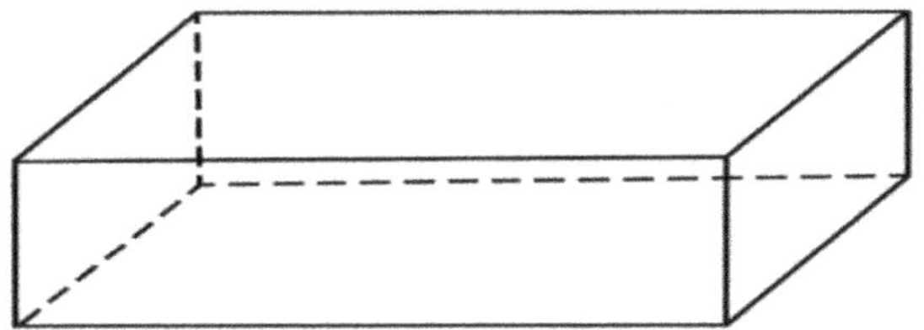

   a. 9 aristas

   b. 10 aristas

   c. 12 aristas

8. El cilindro tiene…:

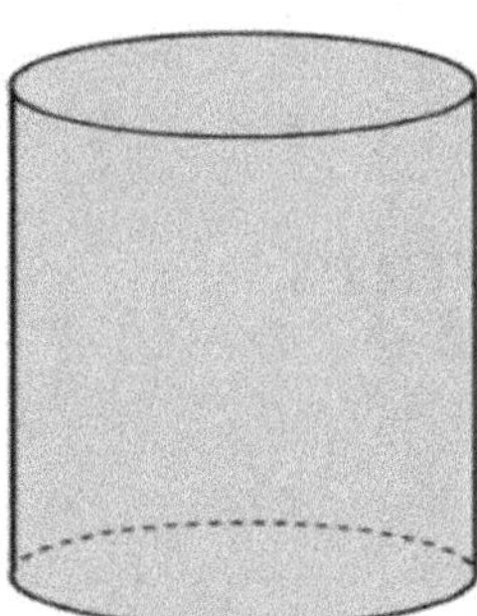

   a. 3 caras

   b. 4 caras

   c. 5 caras

9. ¿Cuántas caras tiene la esfera?

   a. 1

   b. 2

   c. 4

10. ¿Cuántos vértices tiene el cono?

   a. 1 vértice

   b. 2 vértices

   c. 3 vértices

11. ¿Cuántas caras tiene el cono?

   a. 1 cara

   b. 2 caras

   c. 3 caras

12. ¿Cuántos vértices tiene la pirámide cuadrada?

   a. 4 vértices

   b. 5 vértices

   c. 6 vértices

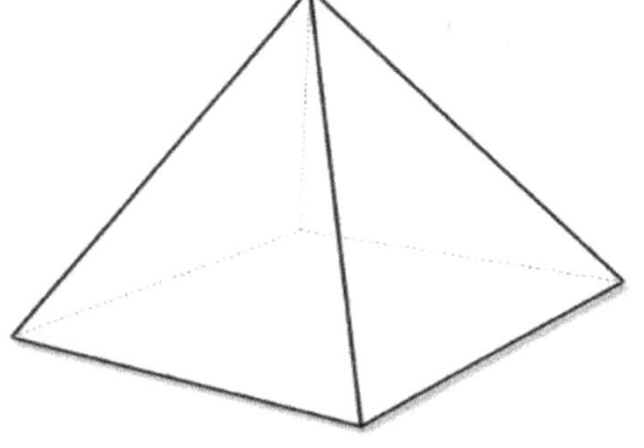

13. ¿Cuántas aristas tiene la pirámide triangular?

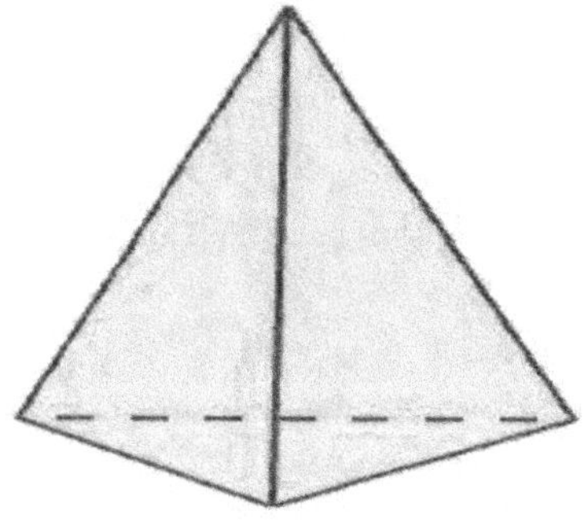

    a. 4 aristas

    b. 6 aristas

    c. 8 aristas

14. Esta pirámide cuadrada tiene...:

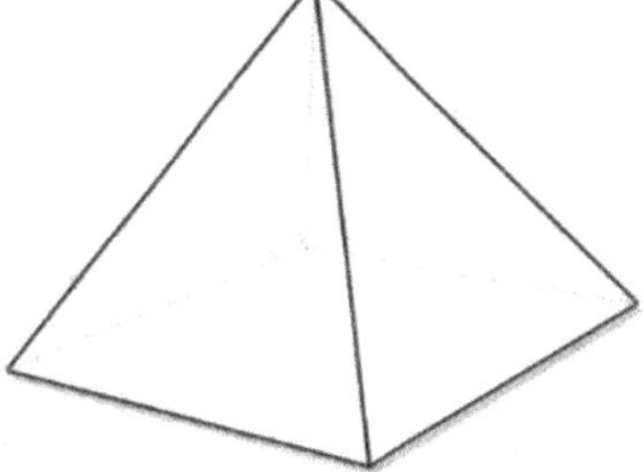

    a. 3 caras

    b. 4 caras

    c. 5 caras

15. Haz una X sobre los cuerpos geométricos.

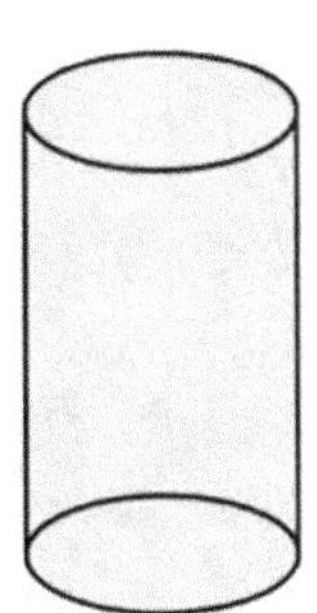

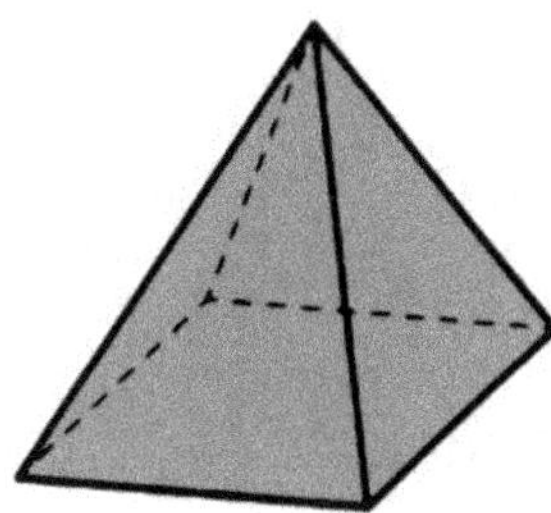

16. Une con una línea cada parte del cuerpo geométrico con el nombre que corresponda.

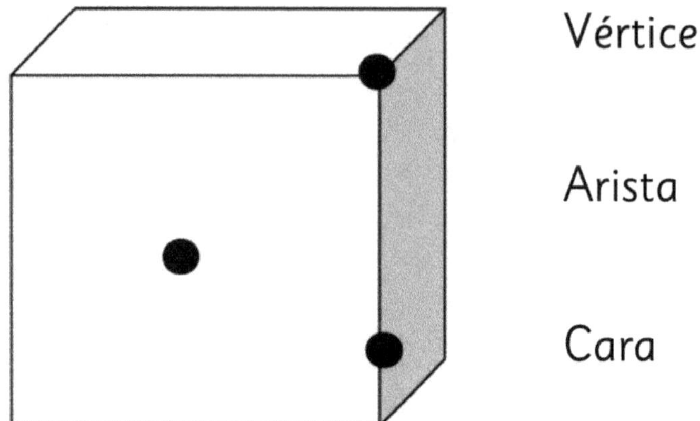

17. Completa los recuadros identificando el número de caras, vértices y aristas de cada cuerpo geométrico.

18. Pinta con color azul las pirámides y de rojo los prismas.

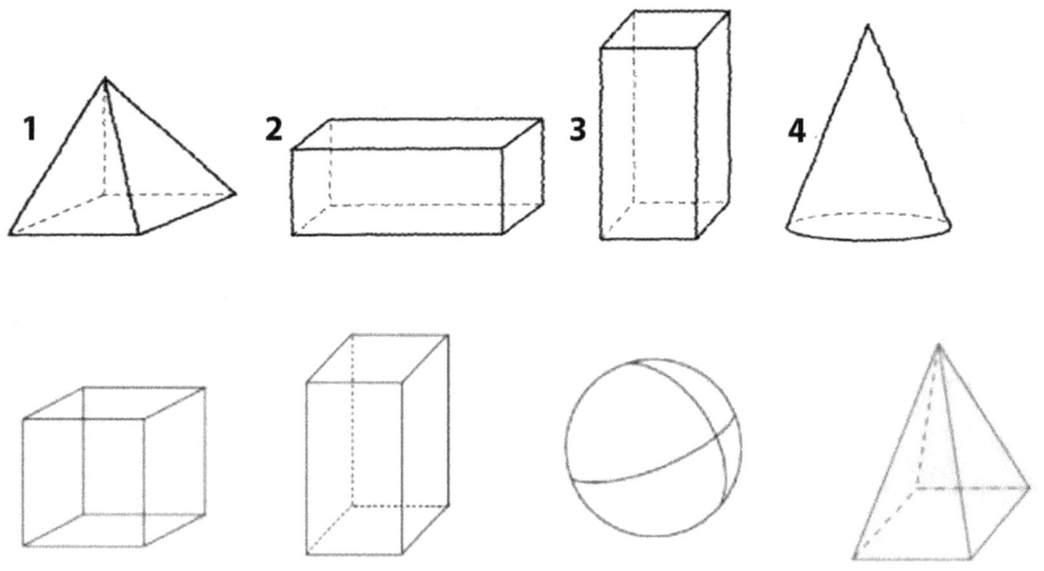

Caras		Caras		Caras		Caras	
Vértices		Vértices		Vértices		Vértices	
Aristas		Aristas		Aristas		Aristas	

FIGURAS 3D Y 2D

- Pasa el lápiz por las aristas de cada cuerpo para obtener figuras 2D.
- Encierra la figura 2D que se forma al pasar el lápiz por el contorno de cada cuerpo geométrico.

Cuadrado   Rectángulo

Circunferencia   Cuadrado

Rectángulo   Triángulo

Triángulo   Circunferencia

- Pinta una cara de cada figura 3D en el centro de la tabla.

Figuras 3D	Cara (2D)	Figuras 2D
Prisma	Cara rectangular	Rectángulo
Pirámide	Cara triangular	Triángulo
Cilindro	Cara circular	Circunferencia
Cubo	Cara cuadrada	Cuadrado

- Une con una línea cada figura 2D con la cara de la figura 3D que corresponda.

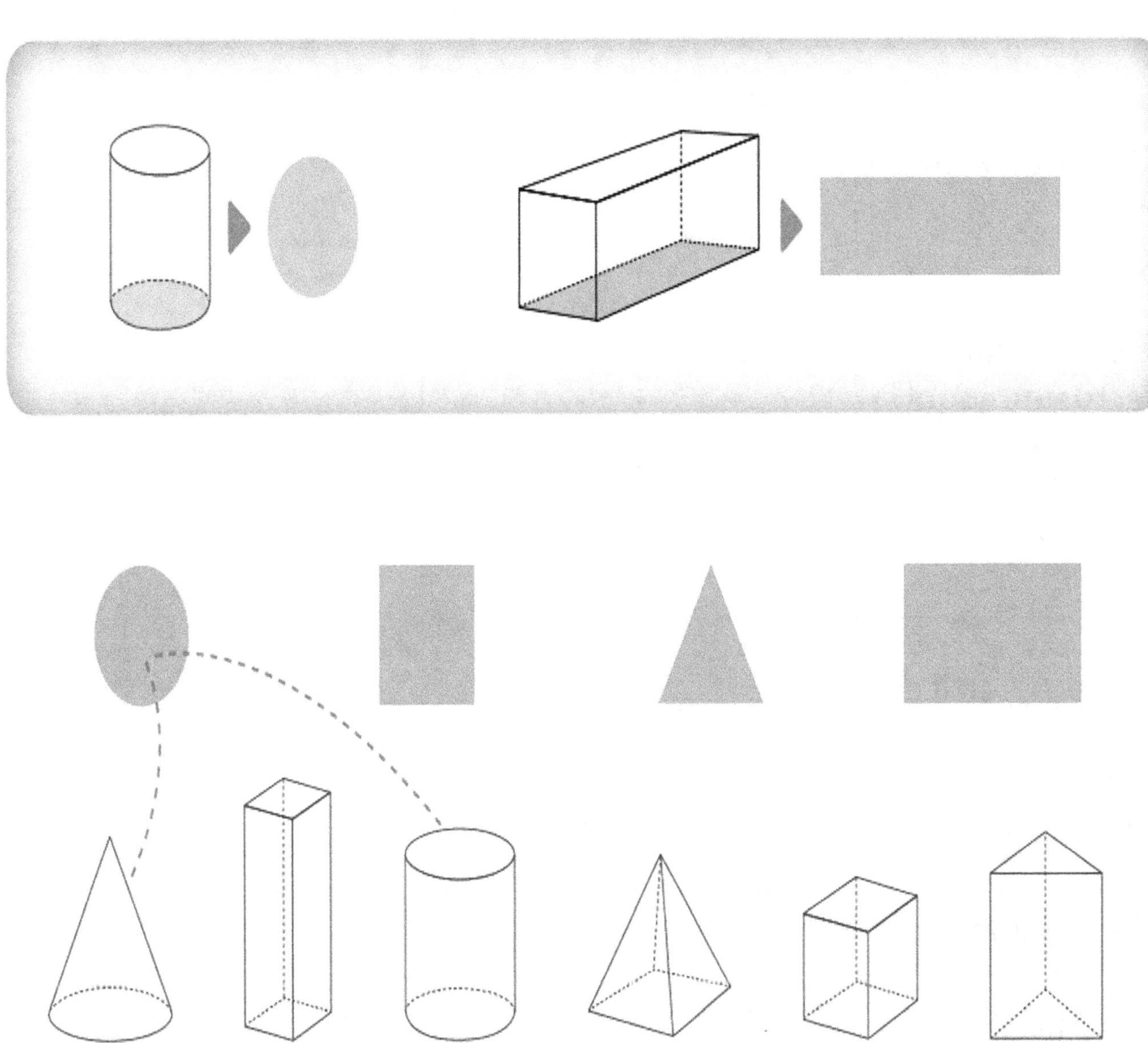

- Marca con una X la característica que tiene cada figura.

Característica	Cara cuadrada	Cuadrado	Cara triangular	Triángulo
Tiene 4 lados rectos de igual medida				
Tiene 3 lados rectos				
Tiene 4 vértices				
Tiene 3 vértices				
Con región interior o superficie				
Sin región interior o superficie				

- Marca con una X la característica que tiene cada figura.

Característica	Cara rectangular	Rectángulo	Círculo	Circunferencia
Tiene lados rectos				
Tiene 1 lado curvo				
Tiene 4 vértices				
Con superficie o región interior				
Sin vértices				

- Haz una X sobre el cuerpo cuya forma sea similar a la figura 2D de la izquierda.

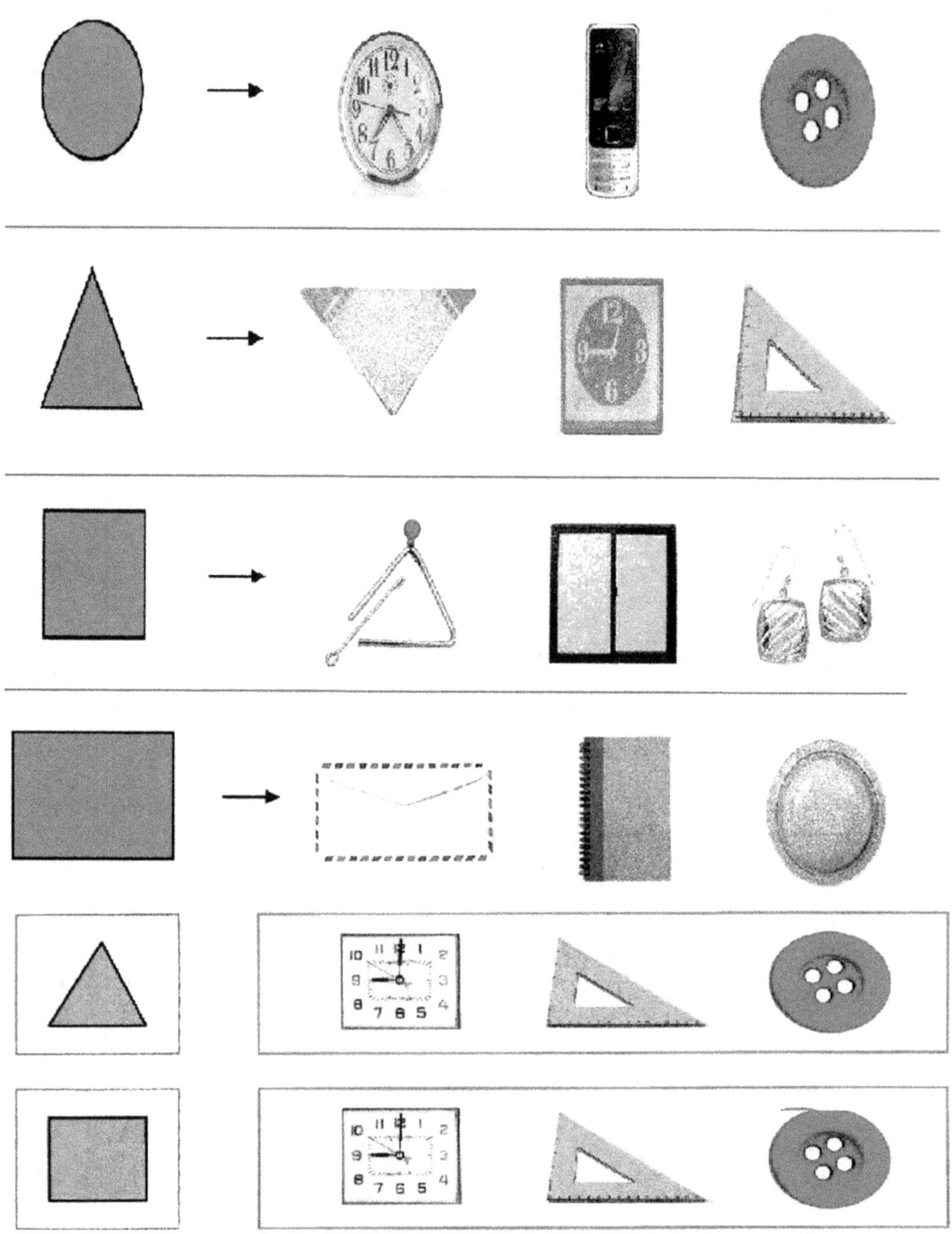

- Recorta y pega una cara cuadrada pequeña, una mediana y una grande.

- Recorta y pega una cara rectangular pequeña, una mediana y una grande.

- Recorta y pega una cara triangular pequeña, una mediana y una grande.

- Recorta y pega una cara circular pequeña, una mediana y una grande.

- Encierra en una línea curva cerrada las señales de tránsito según se indique.

    a. Que contenga formas circulares.

    b. Que contenga formas triangulares.

c. Que contengan formas rectangulares.

- Une con una línea cada señal de tránsito cuyo contorno se asemeje a la figura geométrica.

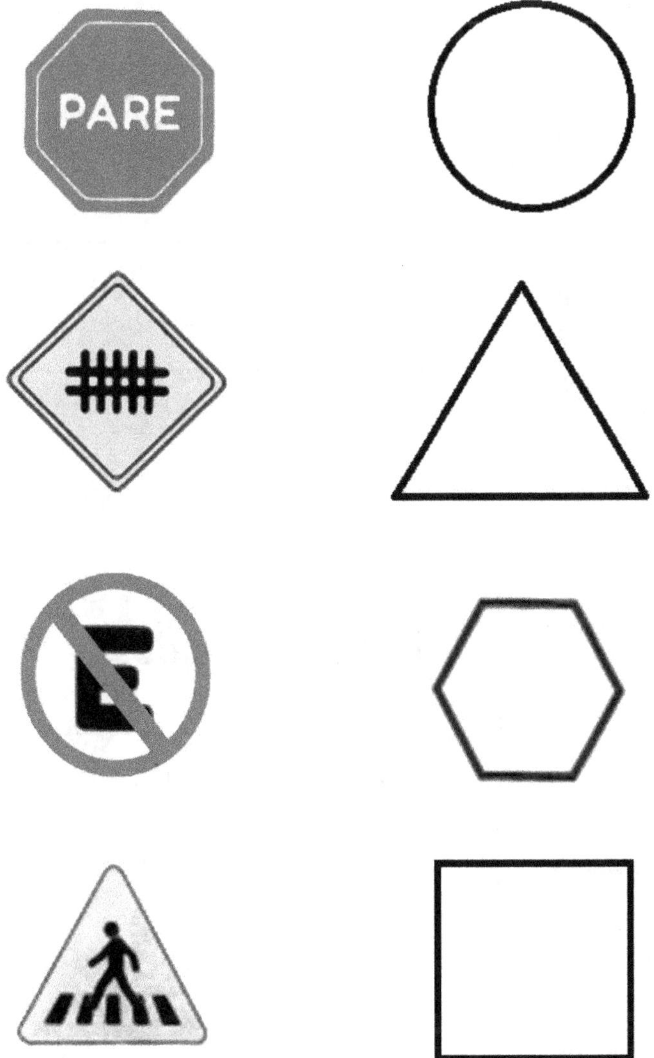

Triángulo

Número de lados:

____

Número de vértices:

____

Cuadrado

Número de lados:

____

Número de vértices:

____

Rectángulo

Número de lados:

____

Número de vértices:

____

- Cuenta el número de triángulos, cuadrados, rectángulos y circunferencias que hay en cada figura y escribe el número correspondiente en la tabla.

Figuras	Cantidad
Triángulos	
Rectángulos	
Cuadrados	
Circunferencias	

Figuras	Cantidad
Triángulos	
Rectángulos	
Cuadrados	
Circunferencias	

Figuras	Cantidad
Triángulos	
Rectángulos	
Cuadrados	
Circunferencias	

- Utiliza las figuras geométricas del material recortable 2 (p. 148) para formar la figura del lado derecho de la página anterior.

1. ¿Cuál de estas figuras 2D es un triángulo?

a.

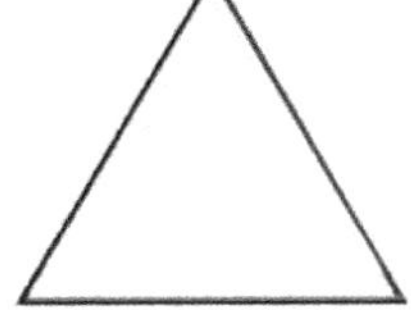

b.

c.

2. Esta figura 2D se llama…:

   a. Circunferencia
   b. Círculo
   c. Cilindro

3. ¿Cuál de estas figuras 2D es un rectángulo?

a.

b.

c.

4. ¿Cuál de estas figuras 2D es un cuadrado?

a. 

b.

c.

5. Une la figura 2D con el cuerpo geométrico que se utilizó para trazarla.

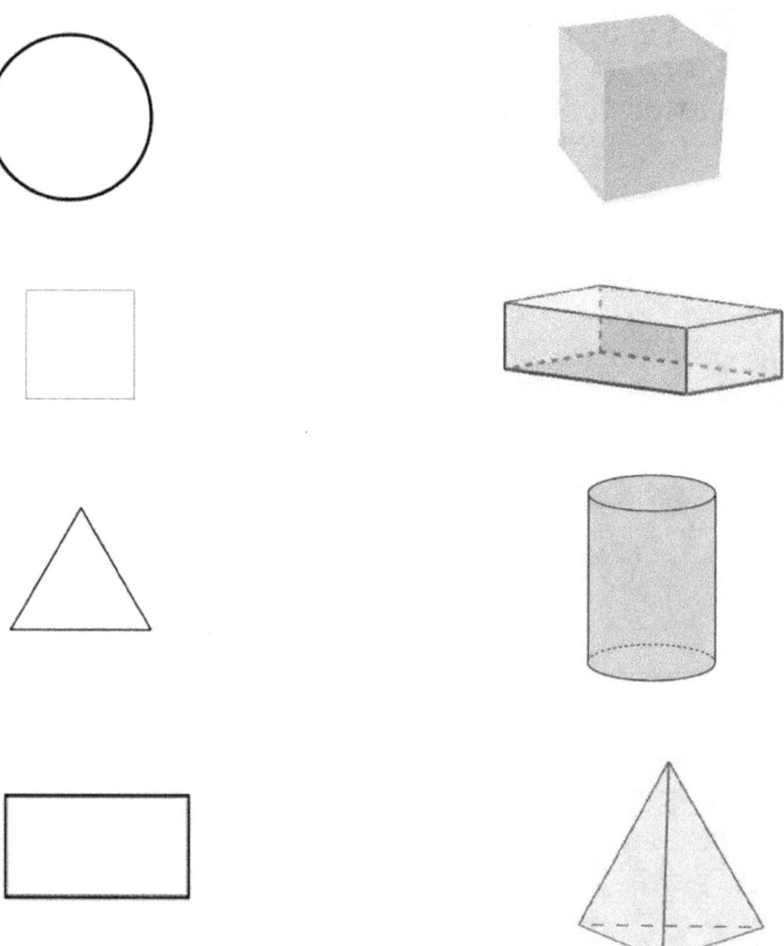

6. ¿Cuál de estas figuras 2D es una circunferencia?

a. 

b. 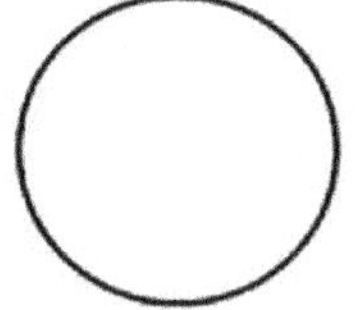

c. 

7. La pantalla del televisor tiene forma de…:

a. 

b. 

c. 

8. La guirnalda tiene forma de…:

a. 

b. 

c.

9. El botón tiene forma de…:

a. 

b. 

c.

10. Une la figura 2D con la cara de la figura 3D que corresponda.

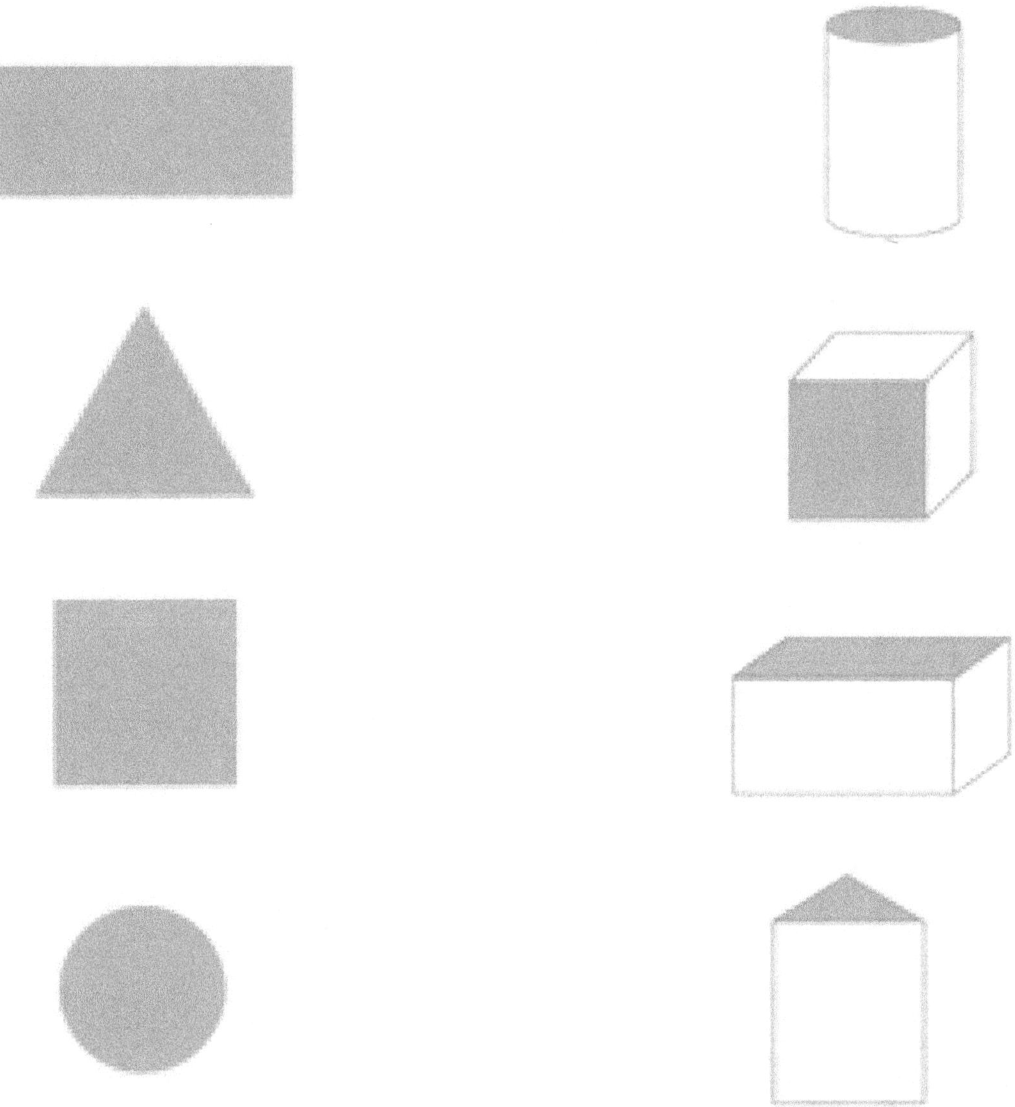

SEGUNDO AÑO

UBICACIÓN ESPACIAL

1. ¿Quién está en el medio?

____

2. ¿Quién es el primero partiendo desde la izquierda?

____

3. ¿Quién es el último?

____

4. ¿Quién está entre Ema y Elena?

____

5. ¿Quién está antes de Luis y después de José?

____

6. ¿Qué animal está a la derecha del gato?

____

7. ¿Qué animal está a la izquierda del perro?

____

8. ¿Qué animal está entre el gato y el pato?

9. ¿Qué animales están entre el pato y el conejo?

____

10. ¿Qué animal está a la izquierda del perro?

____

1. La planta está a la _________________________ del escritorio.

2. La ventana está a la _________________________ del escritorio.

3. La pizarra está _________________________ del escritorio.

4. Los libros están _________________________ del escritorio.

5. El escritorio está _________________________ de la pizarra.

6. La silla está _________________________ del escritorio.

7. ¿La pelota está dentro o fuera del estante?

____

8. El abecedario está _________________________ de la pizarra.

- Escribe el nombre de cada objeto delante de cada niño o niña.

1. ¿Qué objeto está delante de la segunda niña desde la izquierda?

   ____

2. ¿Qué objeto está delante de la primera niña desde la derecha?

   ____

3. ¿Qué objeto está delante del niño que está en el medio?

   ____

4. ¿Qué objeto está delante del último niño, partiendo desde la derecha?

   ____

5. ¿Qué objeto está delante del cuarto niño, partiendo desde la izquierda?

   ____

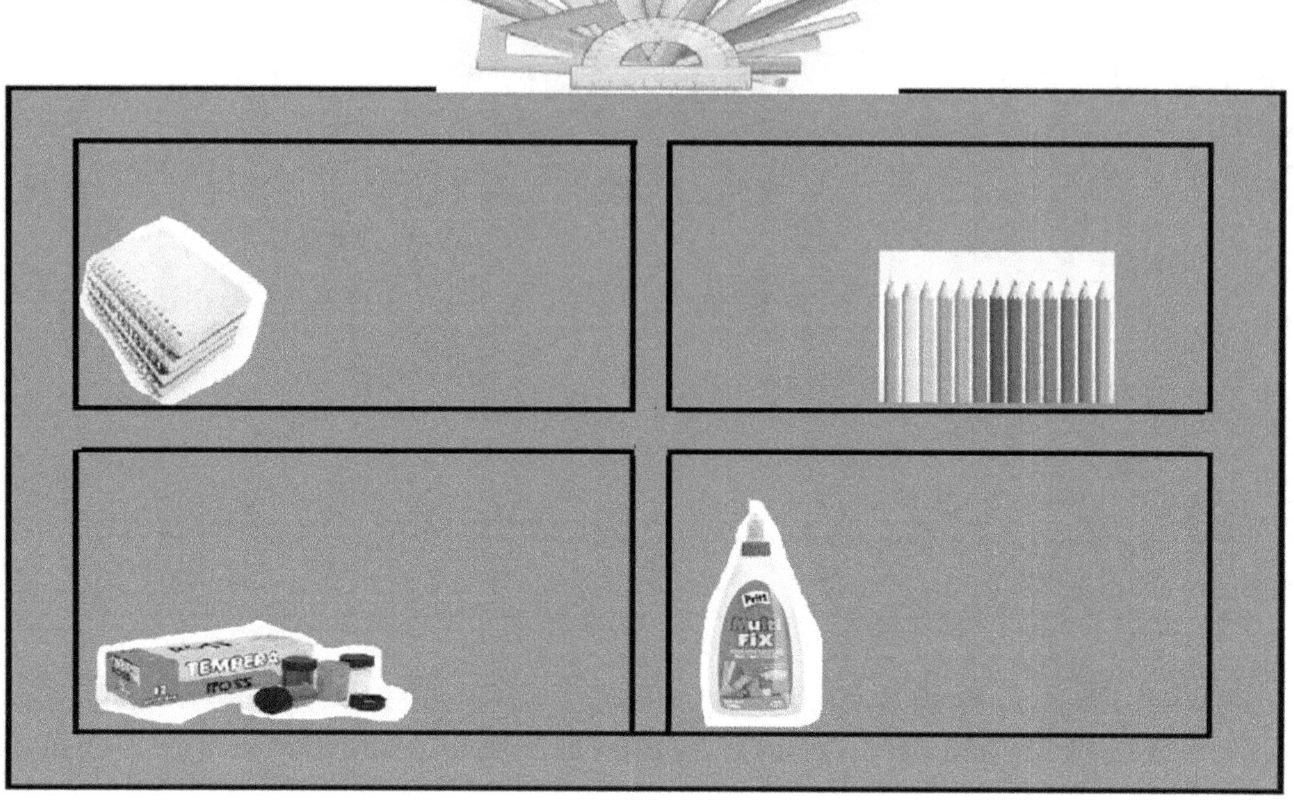

1. ¿Qué objetos están en el casillero de arriba a la derecha?

   ____

2. ¿Qué objetos están en el casillero de arriba a la izquierda?

   ____

3. ¿Qué objetos están en el casillero de abajo a la derecha?

   ____

4. ¿Qué objetos están en el casillero de abajo a la izquierda?

   ____

5. ¿Qué objeto hay encima del estante?

   ____

- El perro está parado en la baldosa que indican sus patas. ¿Cuáles son las instrucciones correctas para llegar hasta el hueso?

  a. 3 pasos hacia la izquierda y 4 pasos hacia arriba

  b. 3 pasos hacia arriba y 5 pasos hacia la izquierda

  c. 5 pasos hacia la izquierda y 3 pasos hacia arriba

- Describe y representa la posición de los objetos y las personas con relación a sí mismos y a otros.

  a.______ Ana tiene el lápiz en la mano ___________________________

  b.______ Pía está entre Rocío y ___________________________

  c.______ David tiene el lápiz en la mano ___________________________

- Completa con «derecha», «izquierda» o «entre».

    a. Marta está a la ___________________________ de Ema.

    b. Ema está ___________________________ Marta y Leo.

    c. Leo está a la ___________________________ de Ema.

- Josefa se quiere unir al paseo, ¿qué mano podría tomar? Marca con un ✔.

    ◯ La mano derecha de Marta
    ◯ La mano izquierda de Ema
    ◯ La mano derecha de Leo

- **Pinta los O según corresponda.**

a. el ( ) arriba del niño.

d. el ( ) abajo de la niña.

b. el ( ) a la derecha del niño.

e. el ( ) que está adelante de la niña.

c. el ( ) a la izquierda del niño.

f. el ( ) que está atrás de la niña.

- **Dibuja...:**

a. Un ⬤ a la derecha de la niña

b. Un ▲ a la izquierda de la niña

c. Un ◼ delante de la niña

- Pinta el ◯ que está a la derecha en cada caso.

a. Dibuja un  a la izquierda de  ?

b. ¿Quién está a la derecha de  ?

▶ _______________________________________

c. ¿Quién está a la izquierda de  ?

1. Pinta de color rojo el lado derecho de la figura y de color azul el lado izquierdo

2. Observa las imágenes y responde las preguntas:

   a. ¿Qué hay sobre la mesa?

   ____

   b. ¿Qué hay debajo de la mesa?

   ____

   c. ¿Qué hay a la derecha de la mesa?

   ____

   d. ¿Qué hay a la izquierda de la mesa?

   ____

- Observa el cuadro y completa con las palabras «izquierda», «derecha», «arriba» y «abajo» según la posición de una figura con respecto a otra.

a. El lápiz está a la ___________________ del auto

b. La flor está a la ___________________ de la pelota

c. El auto está ___________________ de la pelota

d. El cuaderno está ___________________ de la pelota

e. La piña está a la ___________ y ___________ de la pelota

- Marca con una X la caja que contiene al gato en su interior.

- Encierra en una línea curva cerrada el gato que está arriba del árbol.

- Marca con una X el conejo que está delante de la planta.

FIGURAS 3D: CUERPOS GEOMÉTRICOS

- Copia el nombre de cada cuerpo geométrico.

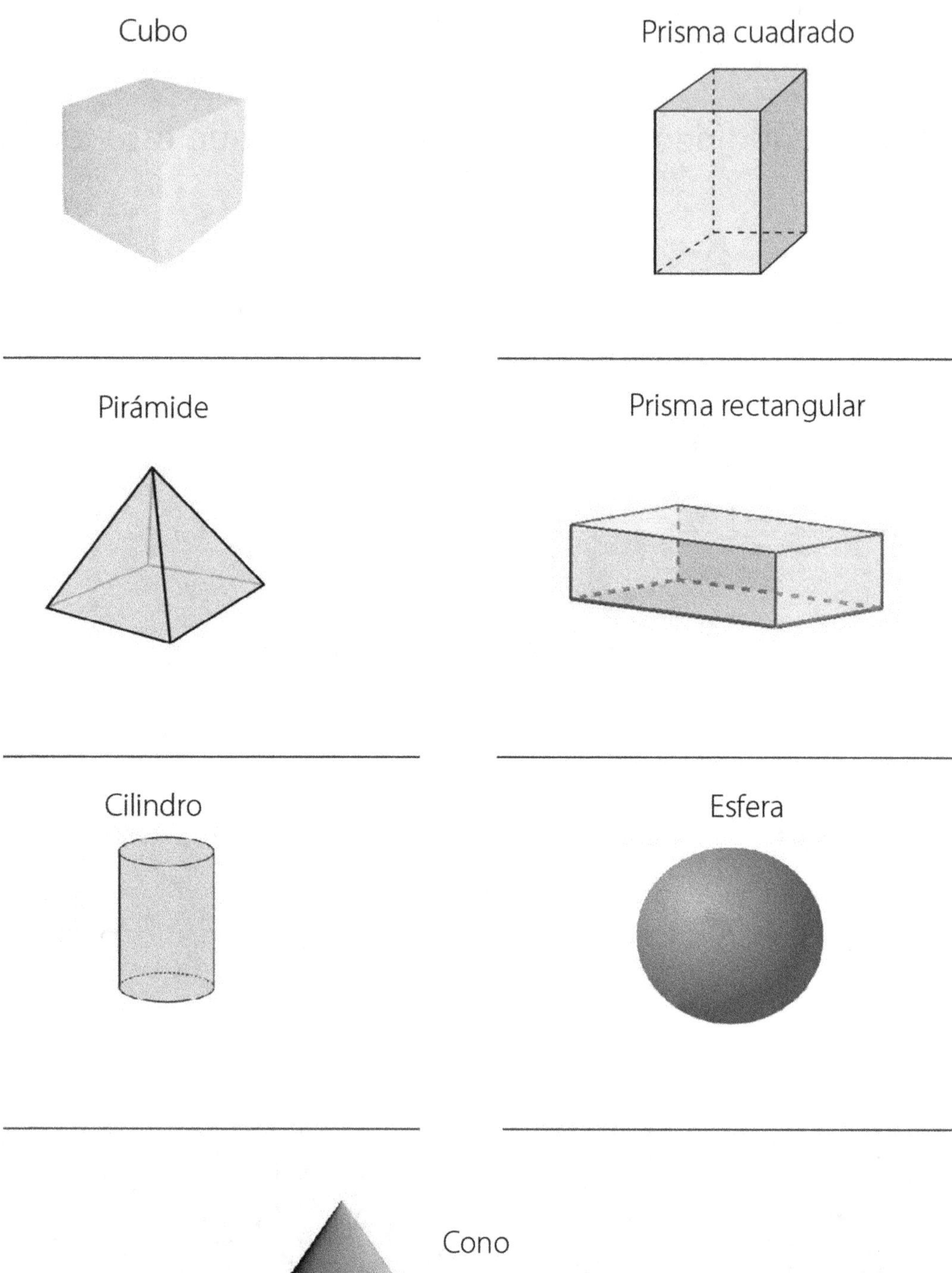

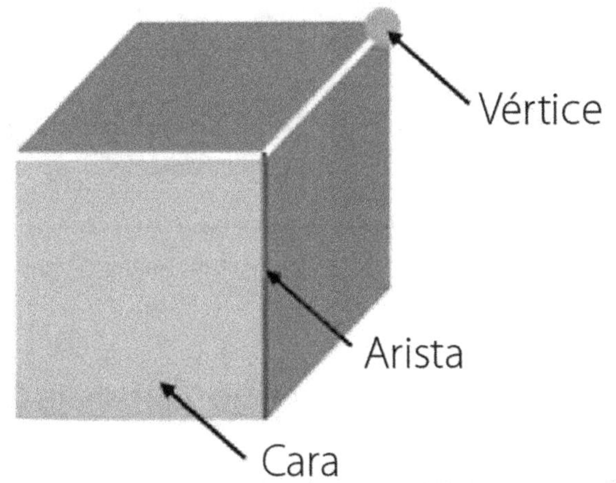

- El o la docente arma el cubo, ante todos los niños y niñas, usando su red.

- Se recortan las caras de la red del cubo.

- Se superponen.

- ¿Todas las caras tienen igual forma y tamaño?

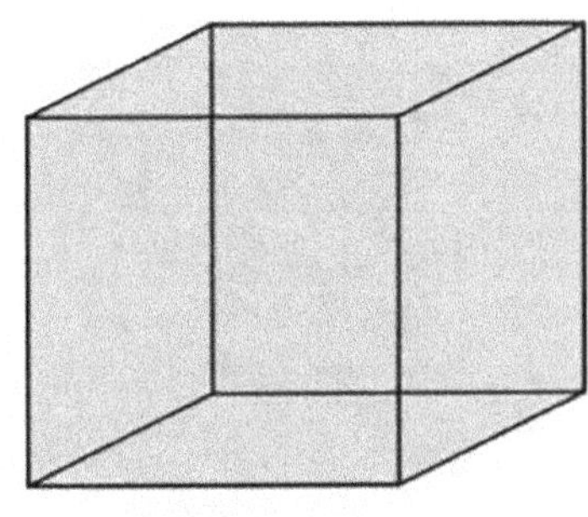

Número de caras: __________

Número de aristas: __________

Número de vértices: __________

- Coloca cualquier cara sobre una página de tu cuaderno y pasa el lápiz por su contorno para formar un cuadrado.

- ¿En qué se diferencia una cara cuadrada de un cuadrado?

- ¿Son rectas o curvas las líneas que forman el cuadrado?

- ¿Son de igual o diferente longitud las líneas que forman el cuadrado?

  ____

- ¿Cómo se llama la frontera o contorno de una cara cuadrada?

  ____

Cara cuadrada   Cuadrado

- La cara cuadrada tiene superficie, el cuadrado no la tiene.

- La frontera de una cara cuadrada es un cuadrado.

  a. ¿Son rectas o curvas las líneas que forman el cuadrado?

  ____

  b. ¿Son de igual o diferente longitud las líneas que forman el cuadrado?

  ____

ARMA EL ESQUELETO DE UN CUBO

- Haz 8 bolitas de plasticina.

- Recorta 12 bombillas o palillos de 10 cm de largo.

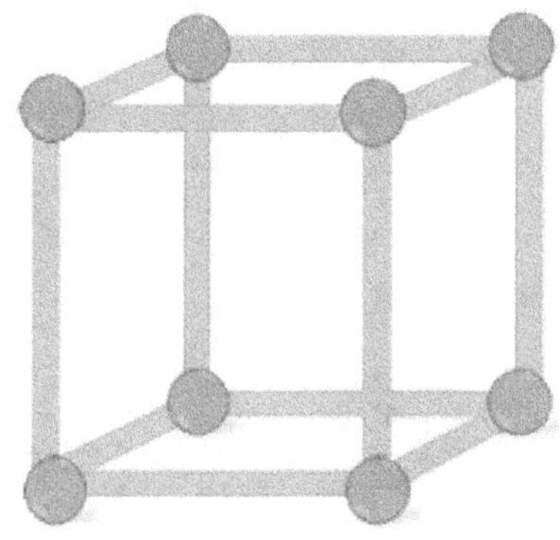

Número de aristas: __________
Número de vértices: __________

¿Qué representan las bombillas o palillos?

____

¿Qué representan las bolitas de plasticina?

____

- Arma un cubo usando su red

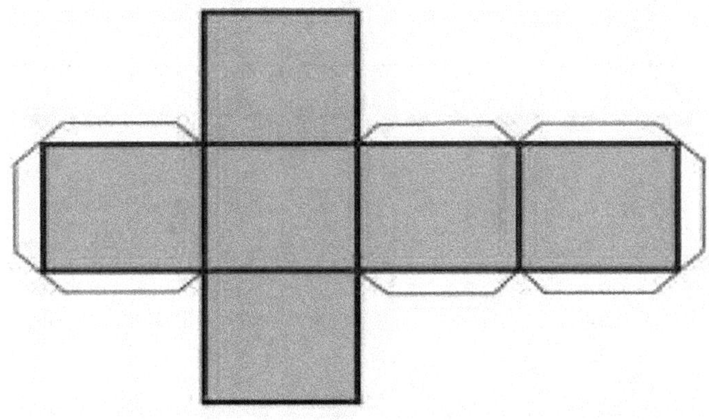

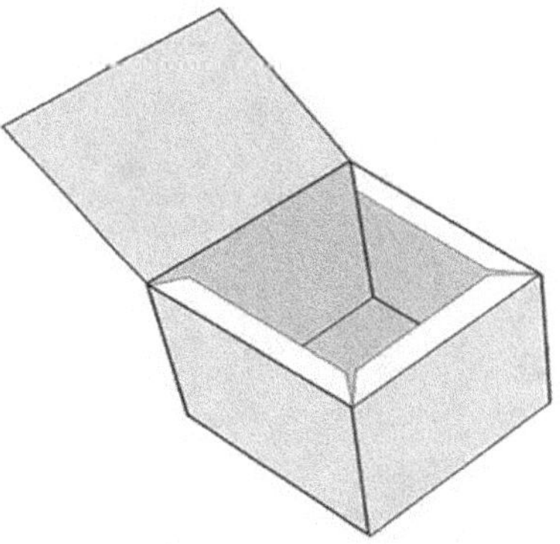

EL PRISMA RECTANGULAR

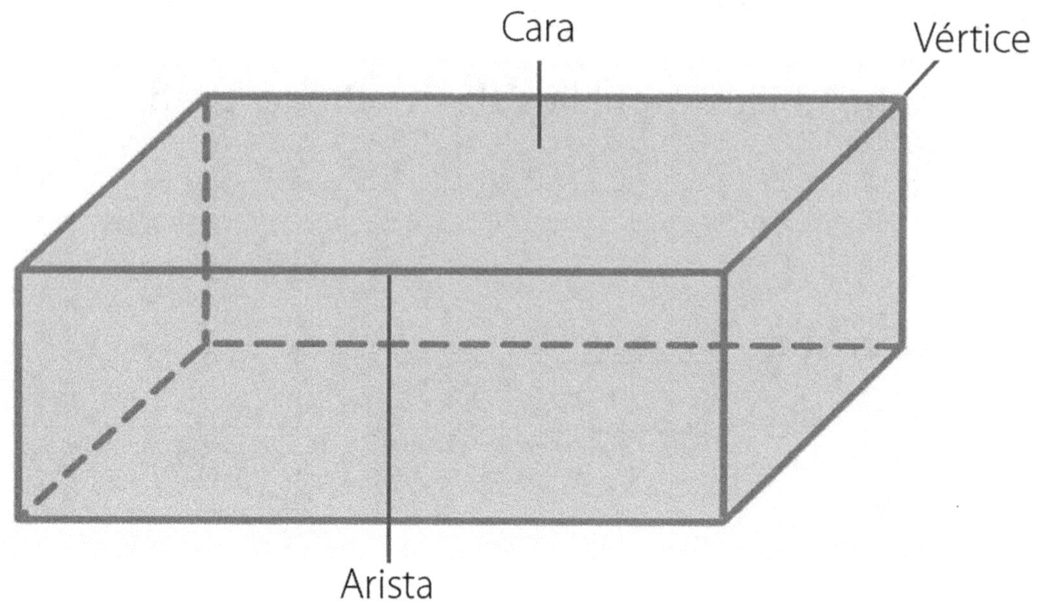

- Construye el esqueleto del prisma rectangular
  - Hagan 8 bolitas de plasticina.
  - Recorten 12 bombillas de 10 cm de largo.
- ¿Qué representan las bombillas o palillos?

____

- ¿Qué representan las bolitas de plasticina?

____

Número de aristas: _______________

Número de vértices: _______________

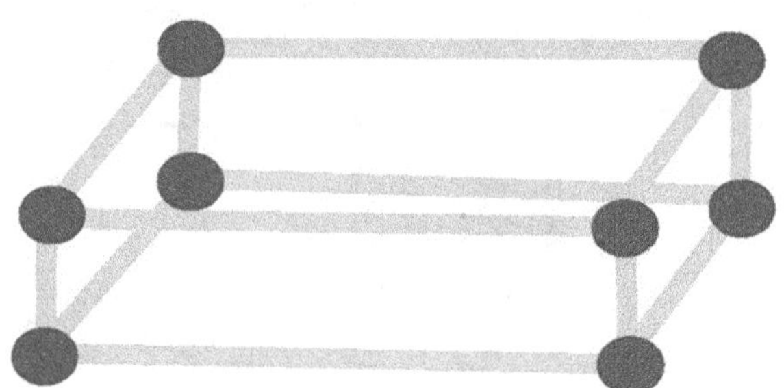

- **Arma el prisma usando su red.**

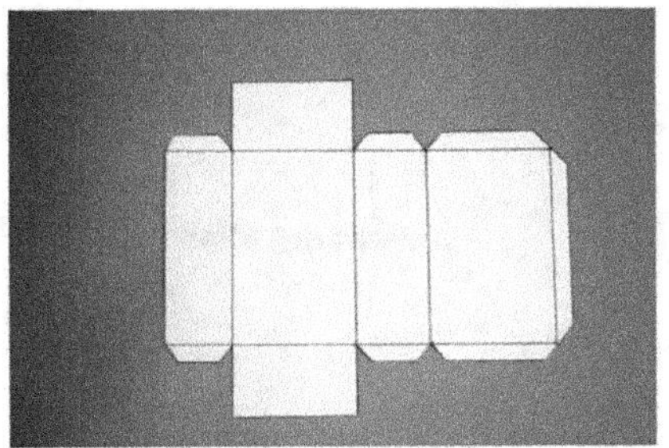 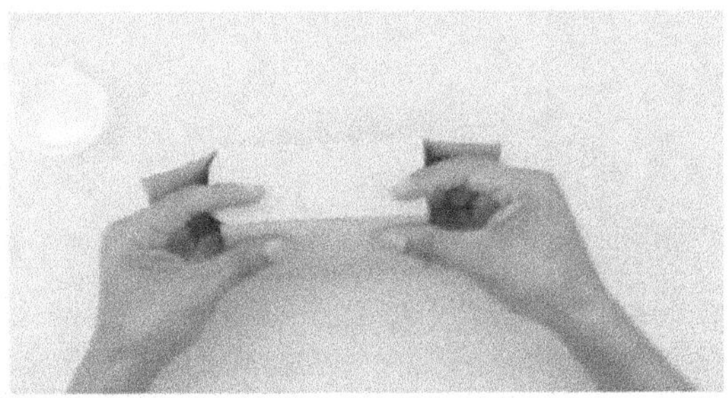

El prisma rectangular tiene________________________ caras.

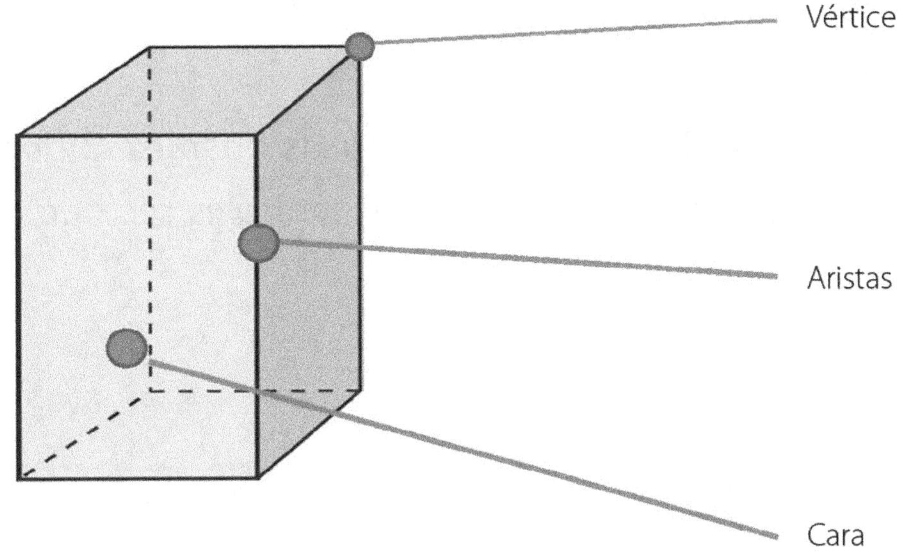

- **Construye el esqueleto del prisma cuadrangular.**
  - Hagan 8 bolitas de plasticina.
  - Recorten 12 bombillas de 10 cm de largo.

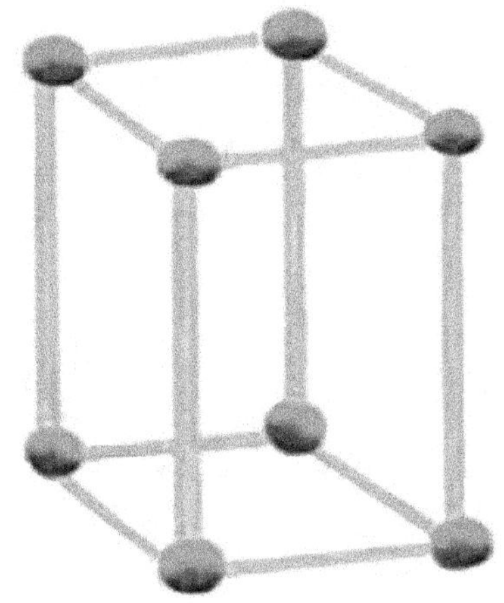

Número de aristas: ____________

Número de vértices: ____________

- Arma el prisma cuadrangular usando su red.

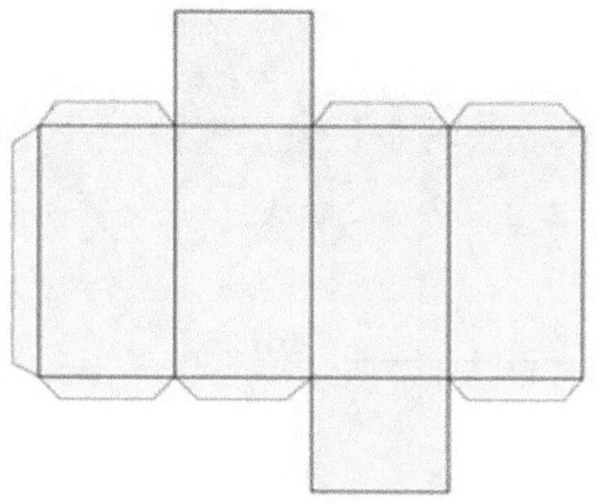

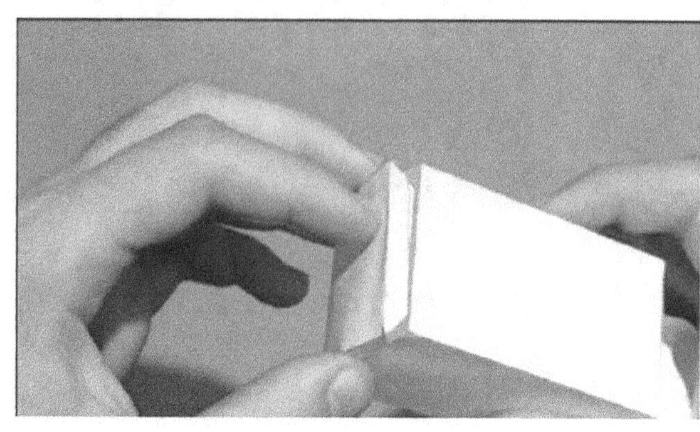

El prisma cuadrangular tiene ______ caras basales cuadradas.
El prisma rectangular tiene ______ caras laterales rectangulares.

- **Construye el esqueleto de la pirámide cuadrangular.**

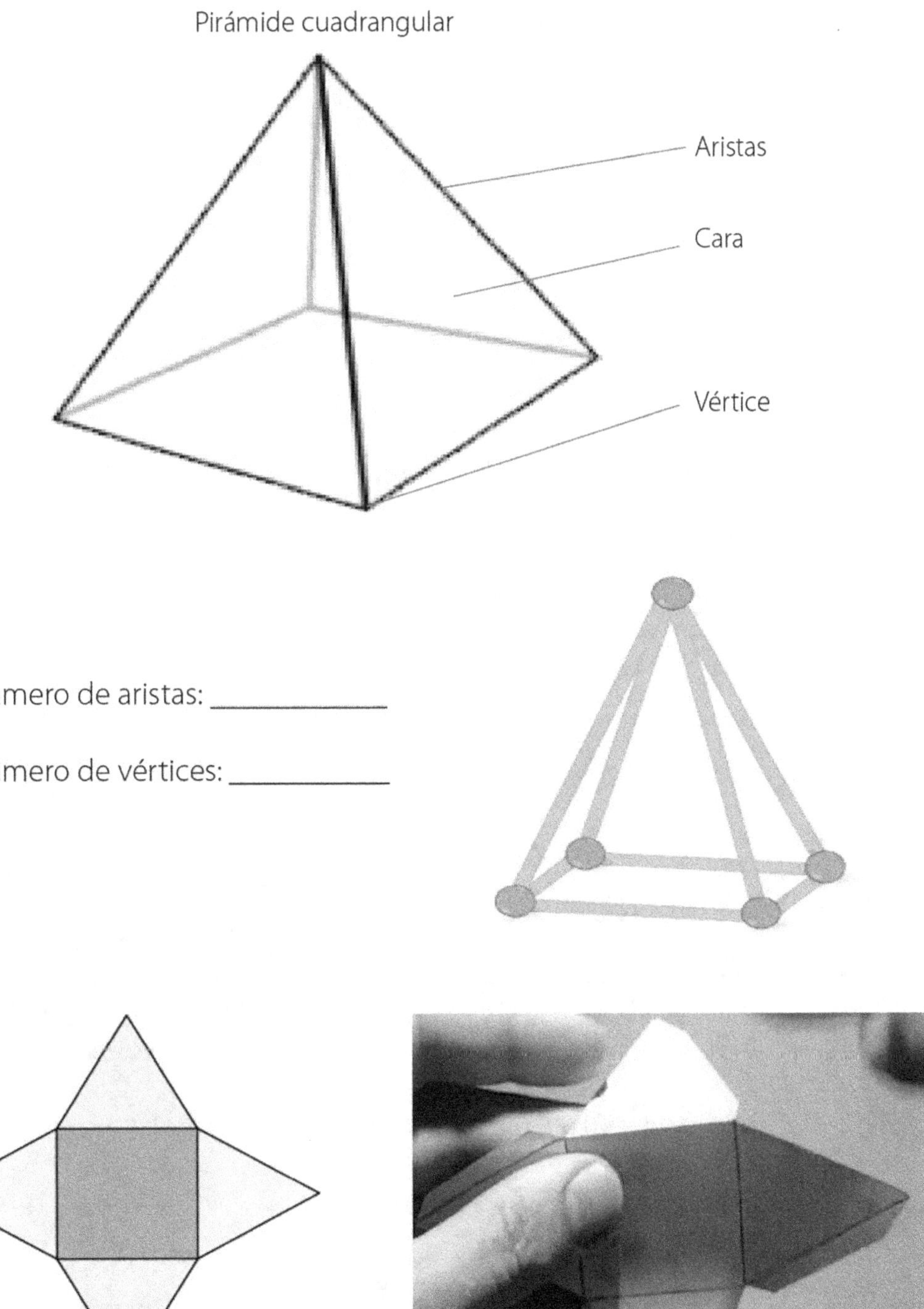

Número de aristas: _____________

Número de vértices: _____________

- **Arma la pirámide cuadrangular usando su red.**
  La pirámide cuadrangular tiene _____________ caras.

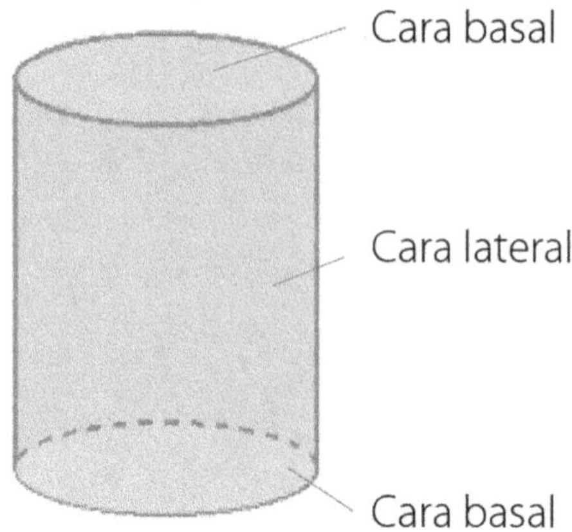

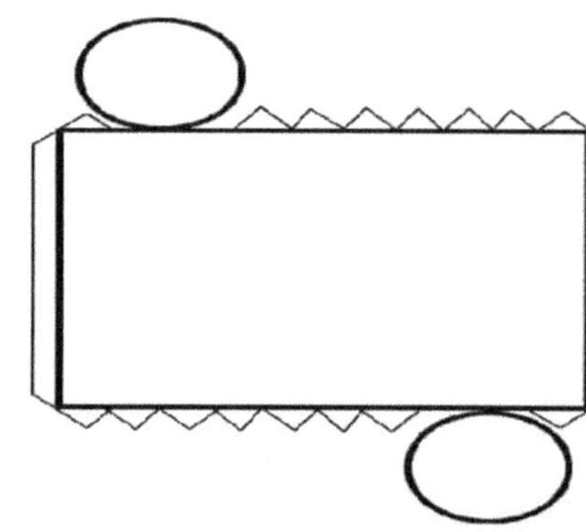

- Recorta las caras de la red del cilindro y compáralas.
- Arma el cilindro usando su red

Número caras: _________________

Número de aristas: _______________

Número de vértices: _______________

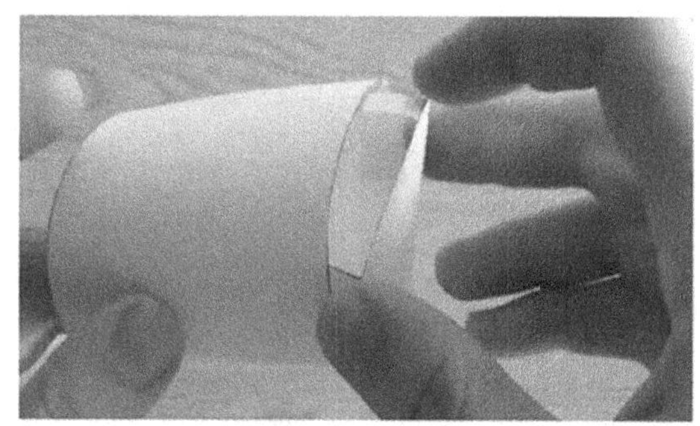

- Modela el cilindro usando plasticina u otro material adecuado.

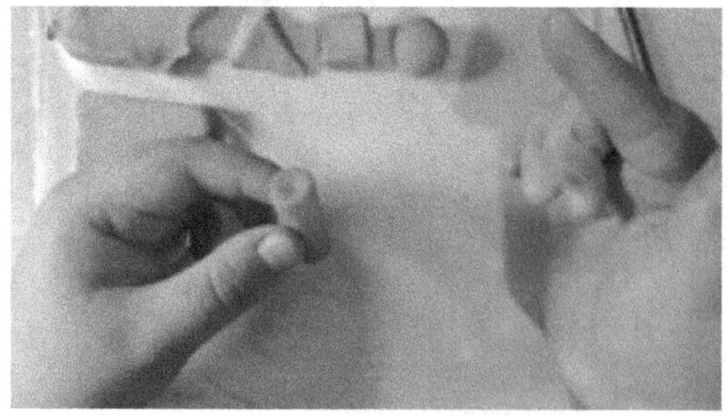

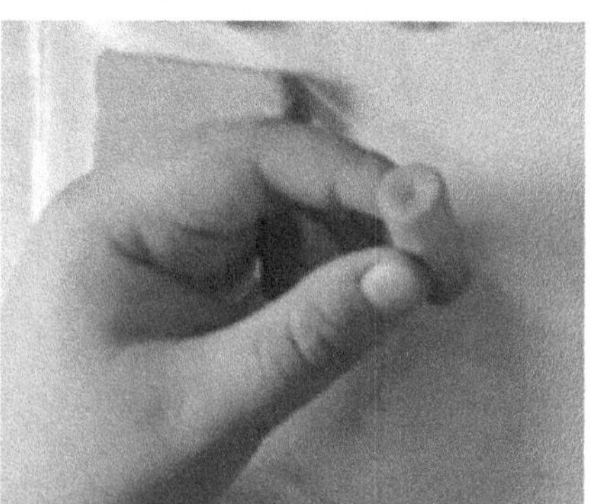

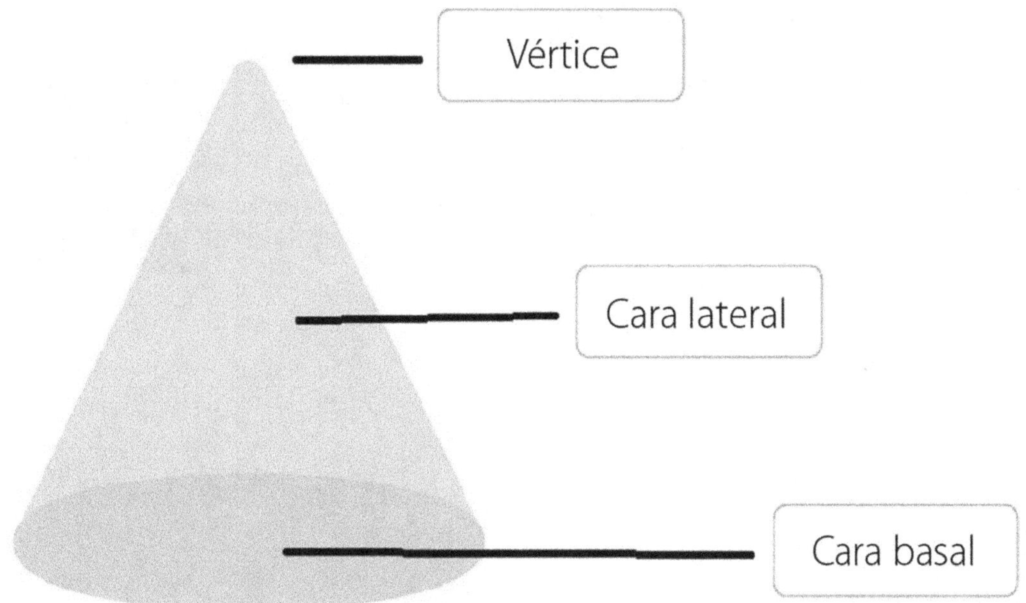

- Recorta las caras de la red del cono y compáralas.

Número caras: _____________
Número de aristas: _____________
Número de vértices: _____________

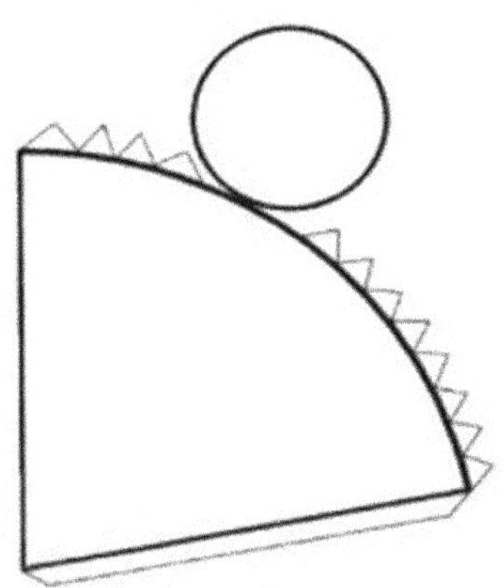

- Modela el cono usando plasticina.

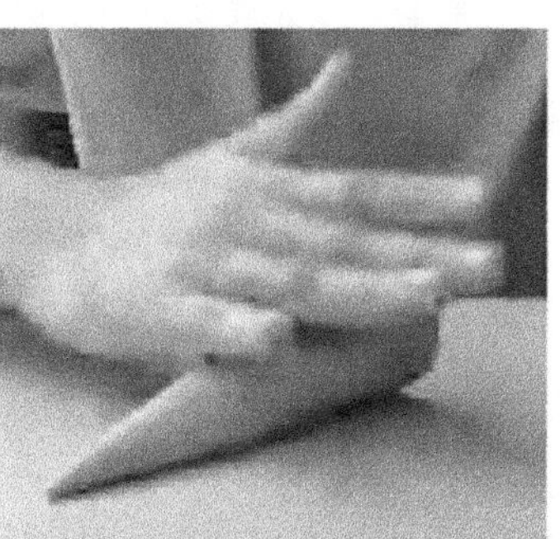

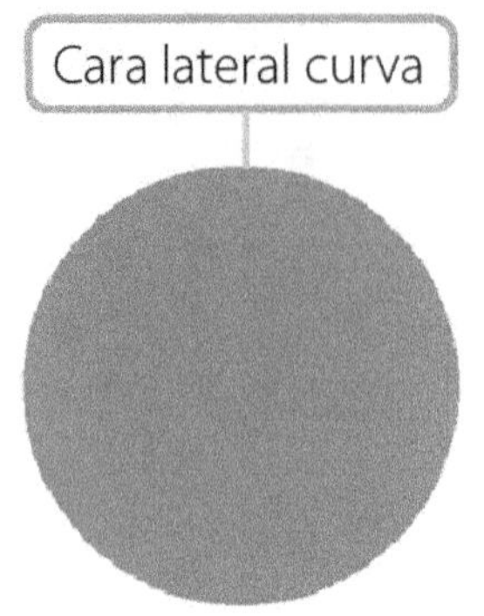

Número de vértices: __________
Número de caras: __________
Número de aristas: __________
Modela la esfera usando plasticina.

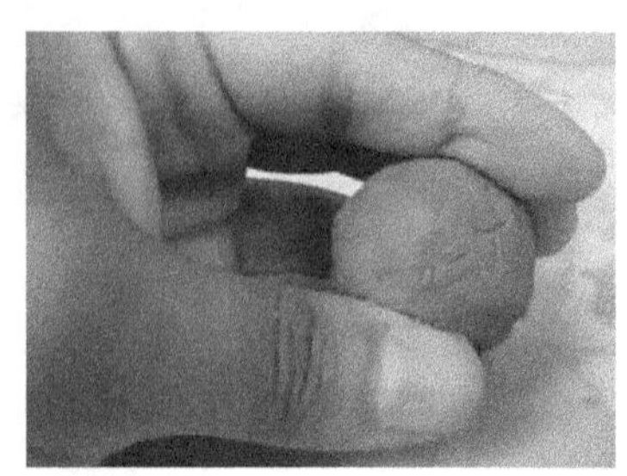

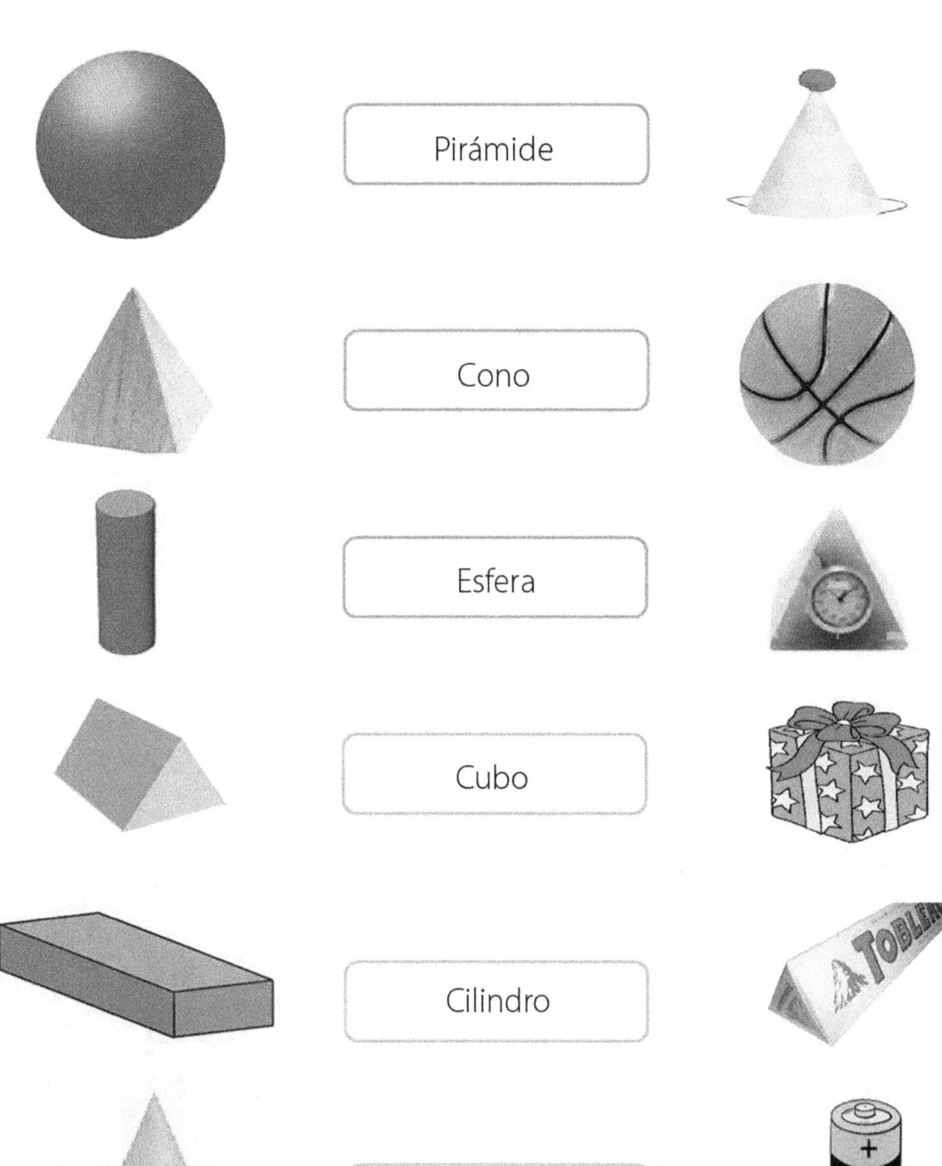

Semejanzas y diferencias entre el cubo y el prisma cuadrado

- Haz una X en la característica que posee cada cuerpo.

Características	Cubo	Prisma cuadrado
Tiene caras de forma cuadradas		
Tiene caras laterales rectangulares		
Tiene 8 vértices		
Tiene caras basales cuadradas		

Semejanzas y diferencias entre el cilindro y el cono

- Haz una X en la característica que posee cada cuerpo.

Características	Cilindro	Cono
Tiene 1 cara curva		
Tiene 2 caras basales circulares		
Tiene 1 cara basal circular		

Semejanzas y diferencias entre la esfera y el cilindro

- Haz una X en la característica que posee cada cuerpo.

Características	Esfera	Cilindro
Tiene caras basales circulares		
Tiene 1 cara lateral curva		
No tiene caras basales		
Tiene 1 sola cara que es curva		

Semejanzas y diferencias entre el cubo y la esfera

- Haz una X en la característica que posee cada cuerpo.

Características	Cubo	Esfera
Tiene 1 sola cara que es curva		
Tiene 12 aristas y 8 vértices		
Todas sus caras son cuadradas		

Semejanzas y diferencias entre el cilindro y el prisma cuadrado

- Haz una X en la característica que posee cada cuerpo.

Características	Cilindro	Prisma cuadrado
Tiene caras basales cuadradas		
Tiene caras basales circulares		
Tiene caras laterales rectangulares		
Tiene 8 vértices y 12 aristas		

Semejanzas y diferencias entre el cono y el cubo

- Haz una X en la característica que posee cada cuerpo.

Características	Cono	Cubo
Tiene 1 cara lateral curva		
Tiene 6 caras cuadradas		
Tiene 1 vértice		
Tiene 1 cara basal circular		
Tiene 12 aristas y 8 vértices		

Semejanzas y diferencias entre la pirámide y el prisma triangular

Características	Pirámide	Prisma triangular
Tiene caras laterales triangulares		
Tiene caras laterales rectangulares		
Tiene 5 vértices		
Tiene 6 vértices y 9 aristas		

- Une con una línea la figura 3D con su nombre correspondiente.

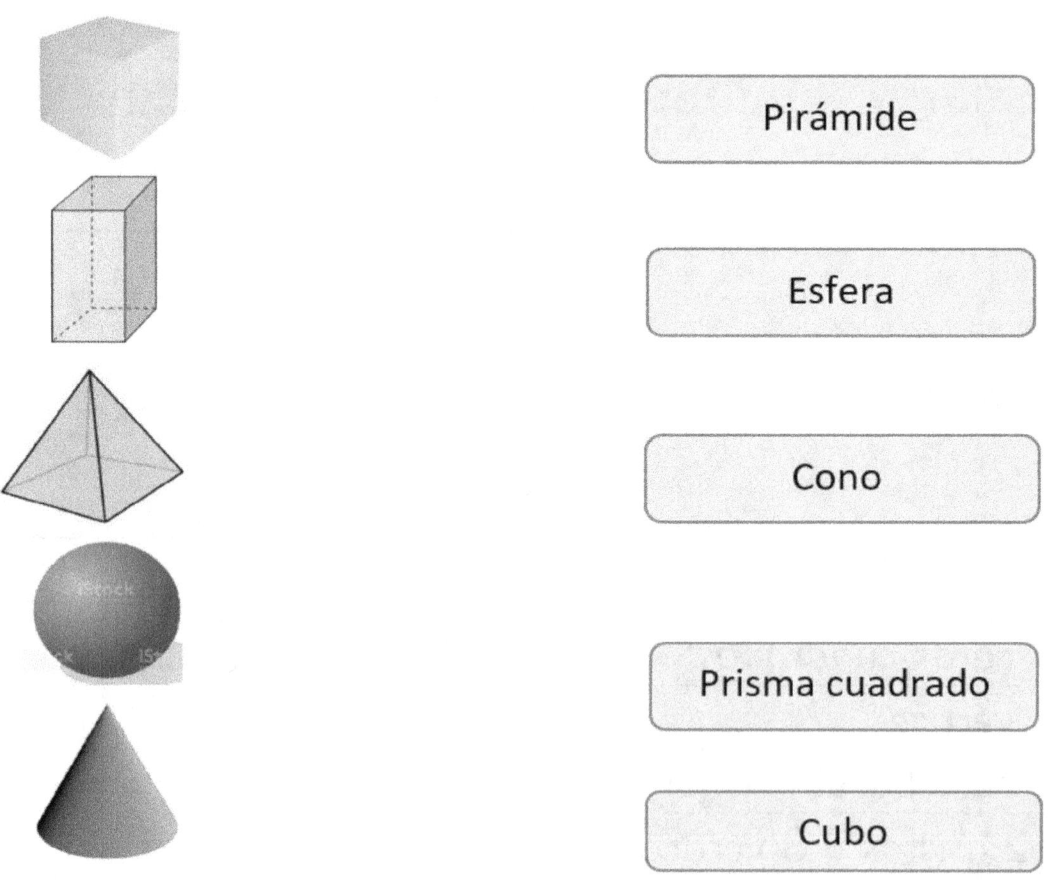

- Completa la tabla indicando el número de elementos de cada cuerpo.

Figura 3D	Aristas	Vértices	Caras
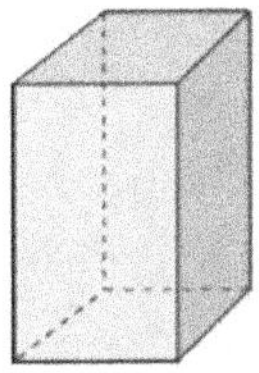			
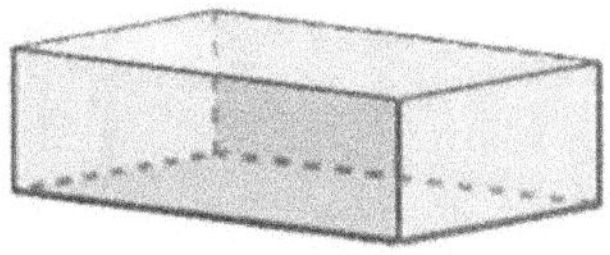			

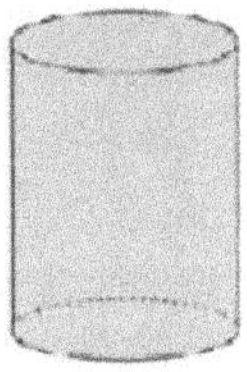			
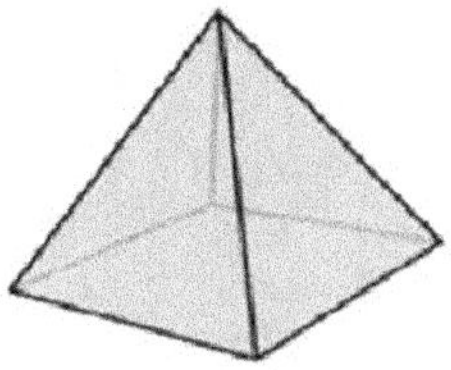			

- Une con una línea la descripción con la figura correspondiente.

Figura 2D formada por 3 lados rectos que se unen en puntos llamados vértices.

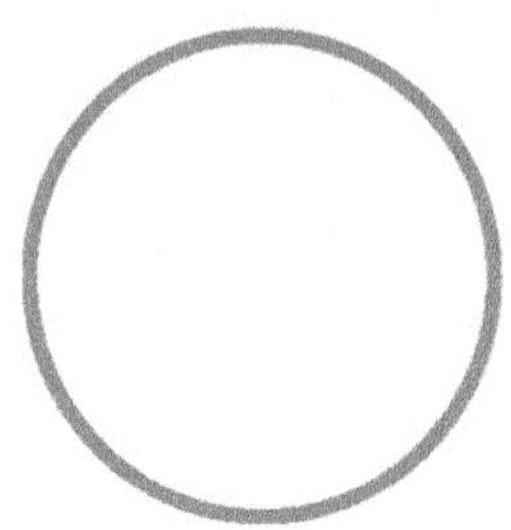

Figura 2D formada por 4 lados rectos de igual medida que se unen en puntos llamados vértices.

Figura 2D formada por 4 ángulos rectos y 4 lados rectos de dos longitudes diferentes (de la misma longitud en los lados opuestos).

Figura 2D formada por una línea curva cerrada cuyos puntos están a la misma distancia del centro.

- Construye con bombillas/palillos y bolitas de plasticina las figuras 2D que veas.

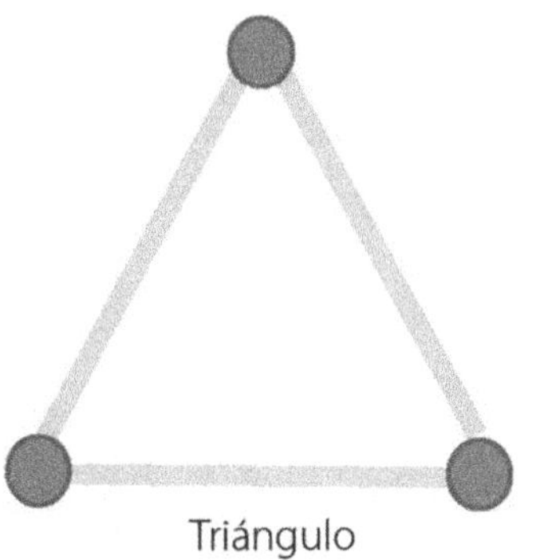

Triángulo

N° de vértices: _______________________

N° de lados: _______________________

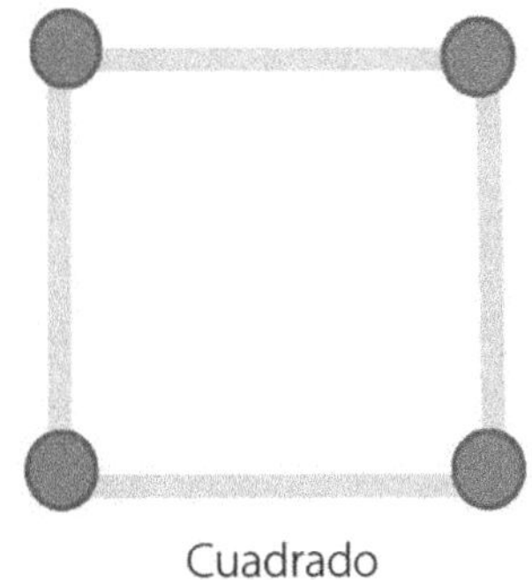

Cuadrado

N° de vértices: _______________________

N° de lados: _______________________

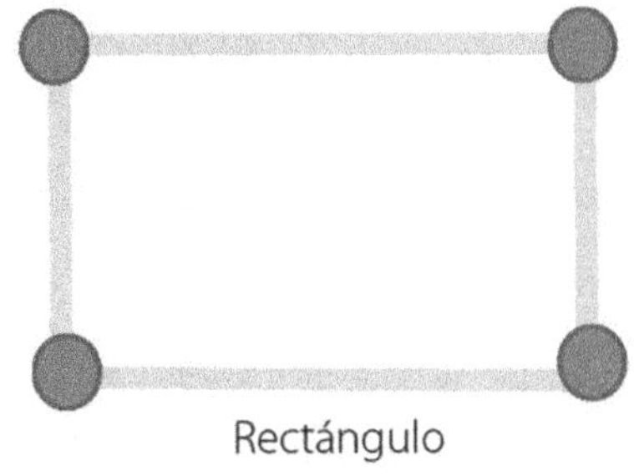

Rectángulo

N° de vértices: _______________________

N° de lados: _______________________

- Haz una circunferencia marcando el contorno de una base circular de un objeto o cuerpo.

- Aplica pegamento sobre la línea de la circunferencia y cúbrela con un trozo de lana.

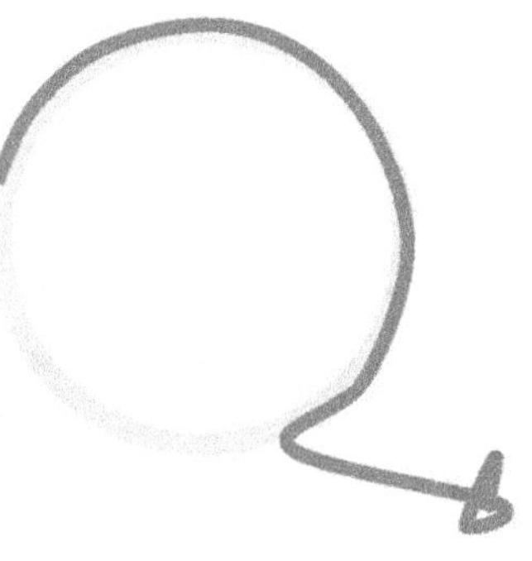

- Representa las siguientes figuras 2D en un geoplano, usando elásticos, y luego copia cada una a la derecha. Escribe su nombre respectivo en el interior del rectángulo.

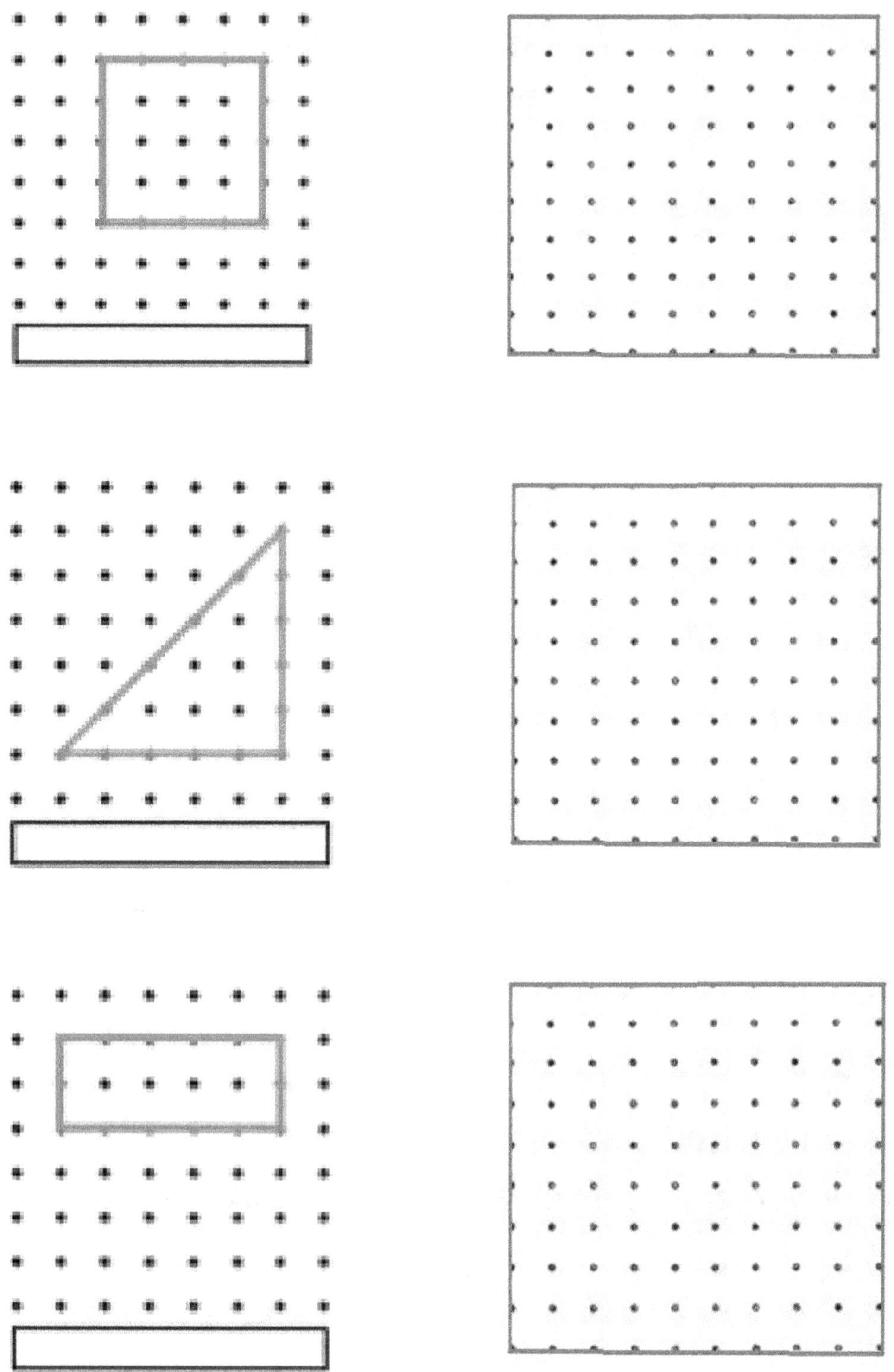

Semejanzas y diferencias de las figuras 2D

- Haz una X en la característica que posee cada figura 2D.

Características	Triángulo	Rectángulo
Tiene 3 lados rectos		
Tiene 4 lados rectos		
Tiene 3 vértices		
Tiene 4 vértices		
Tiene 2 lados opuestos de igual medida		

Características	Cuadrado	Rectángulo
Tiene 4 lados rectos		
Tiene 4 vértices		
Tiene 4 lados de igual longitud		
Tiene 2 lados opuestos de mayor longitud y 2 lados opuestos de menor longitud		

FIGURAS 3D Y SUS REDES

- Une cada red con el cuerpo geométrico que forma.

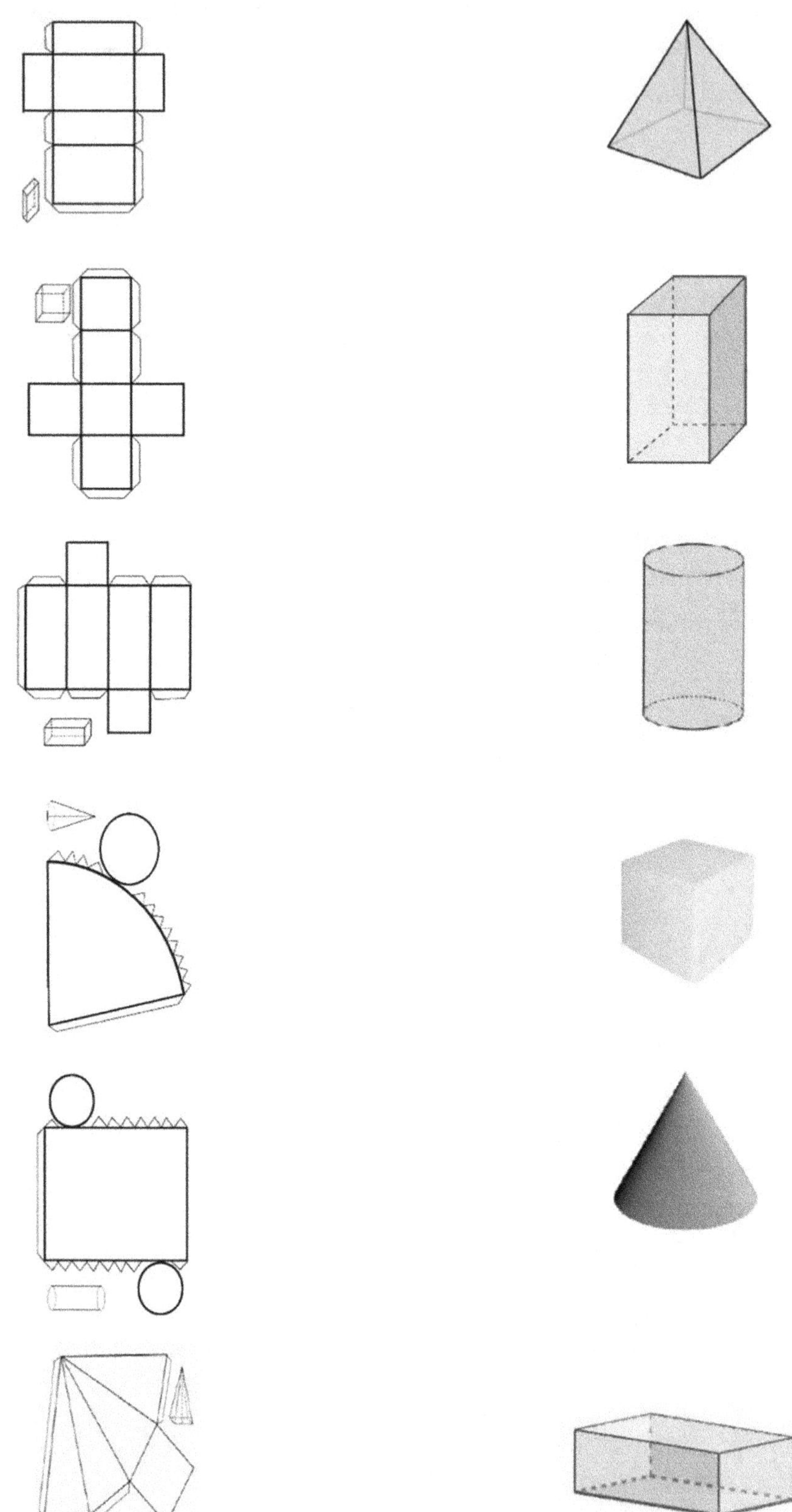

- Une los puntos para formar un triángulo, un cuadrado y un rectángulo.
- Completa la línea curva para formar una circunferencia.

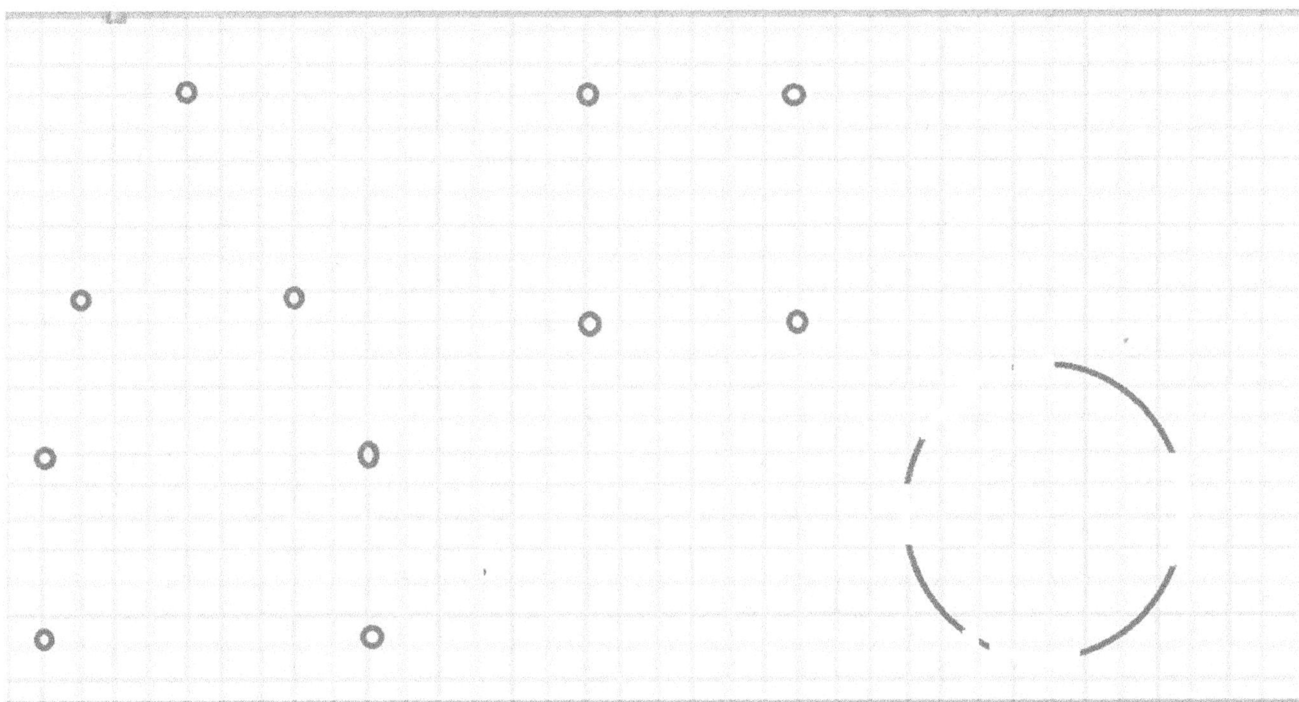

LÍNEAS CURVAS Y RECTAS

- Encierra en una línea curva cerrada las líneas rectas.

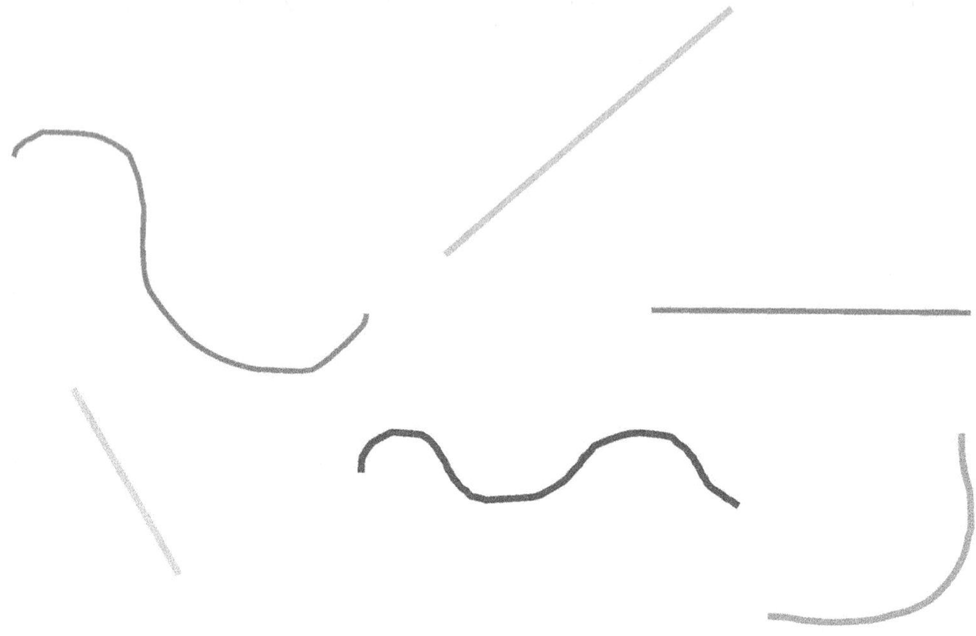

- Une cada par de puntos con una línea recta.

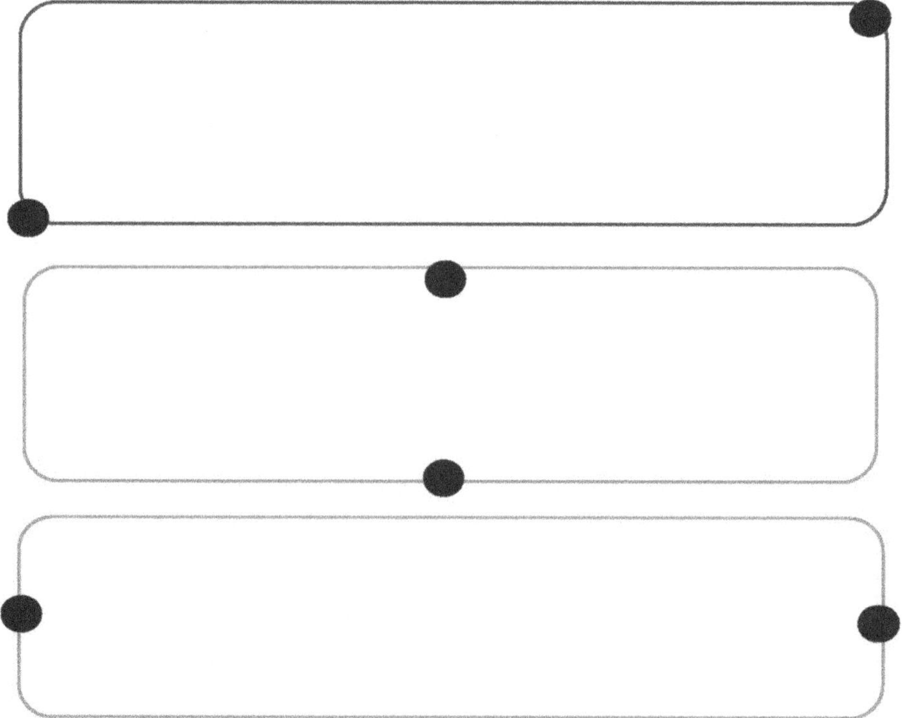

- Une con líneas rectas los puntos para formar un cuadrado, un rectángulo y dos cuadriláteros distintos.

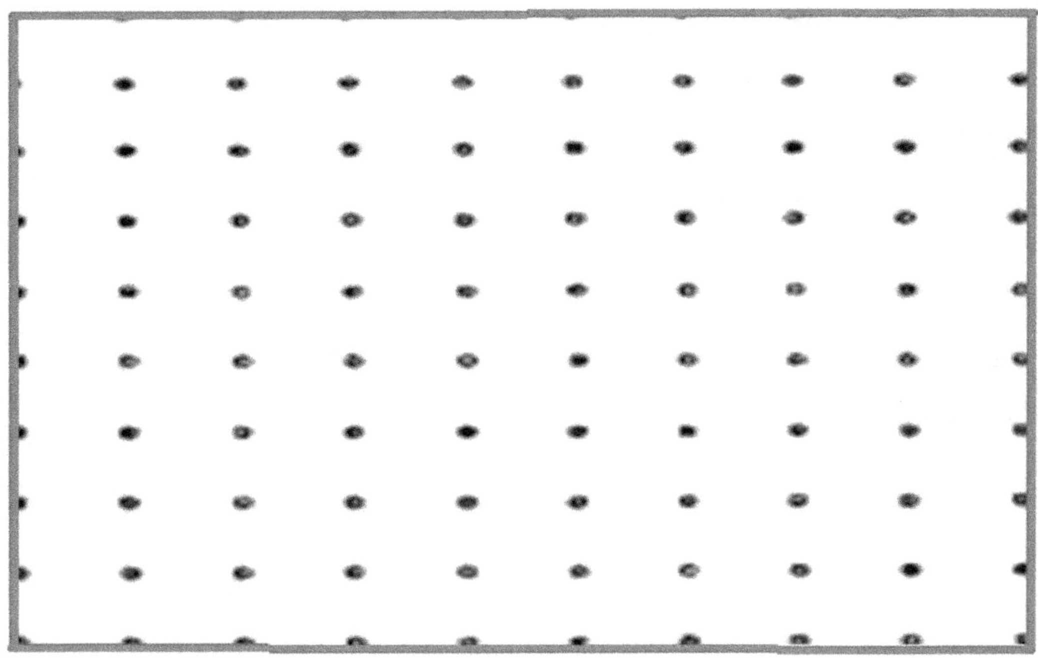

- Une con líneas rectas los puntos del mismo color para formar diferentes tipos de triángulos en distintas posiciones.

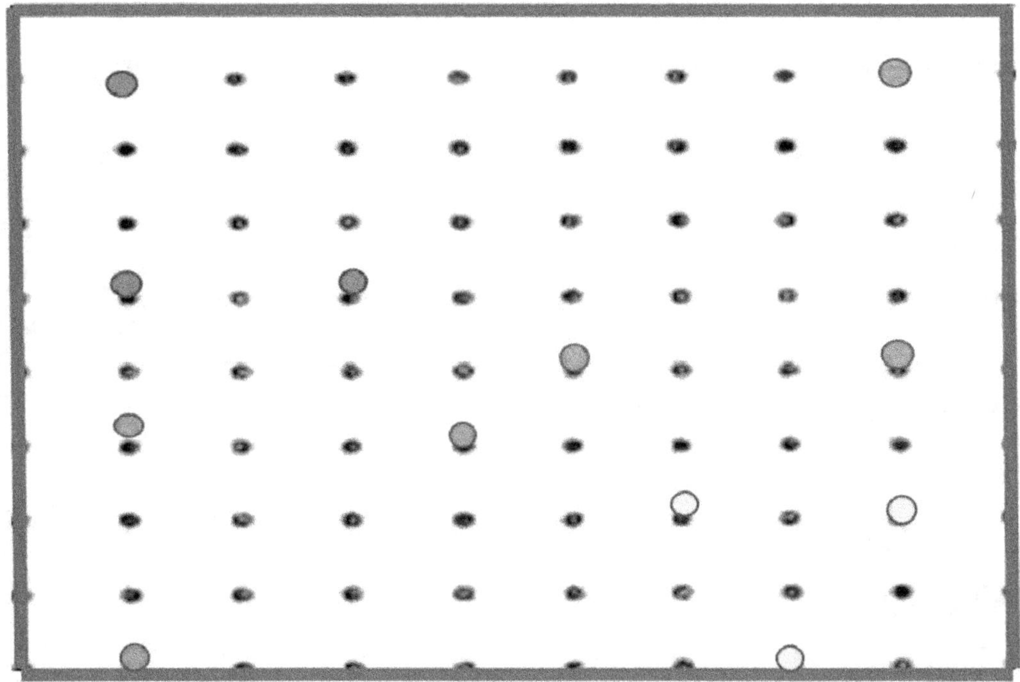

1. El cubo tiene...:
   a. 8 caras cuadradas iguales
   b. 6 caras cuadradas diferentes
   c. 6 caras cuadradas iguales
   d. 8 caras cuadradas diferentes

2. El cubo tiene...:
   a. 8 aristas
   b. 10 aristas
   c. 12 aristas
   d. 14 aristas

3. El cubo tiene...:
   a. 4 vértices
   b. 8 vértices
   c. 10 vértices
   d. 12 vértices

4. El prisma cuadrado tiene...:
   a. 6 vértices
   b. 8 vértices
   c. 10 vértices
   d. 12 vértices

5. El prisma cuadrado tiene...:
   a. 6 aristas
   b. 8 aristas
   c. 10 aristas
   d. 12 aristas

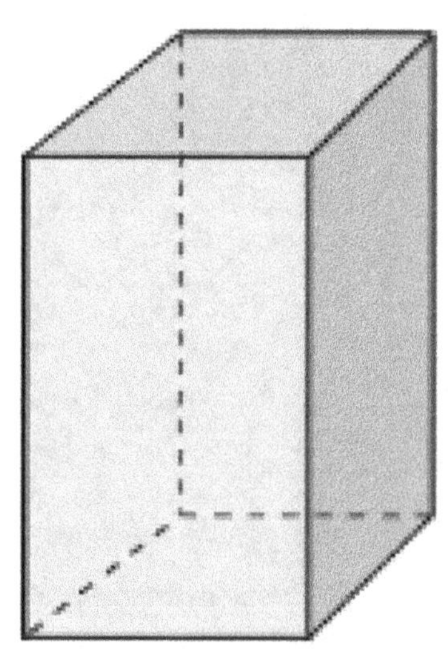

6. El prisma cuadrado tiene...:

a. 6 caras

b. 8 caras

c. 4 caras

d. 10 caras

7. El prisma triangular tiene...:

a. 8 aristas

b. 10 aristas

c. 9 aristas

d. 14 aristas

8. El prisma triangular tiene...:

a. 10 vértices

b. 8 vértices

c. 6 vértices

d. 4 vértices

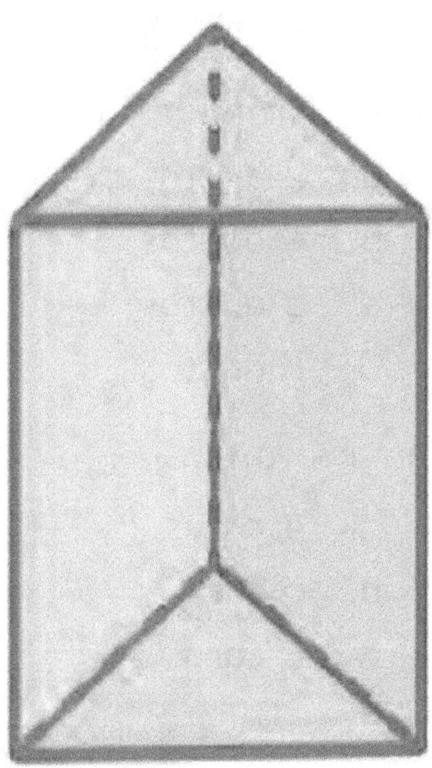

9. El prisma triangular tiene...:

a. 3 caras

b. 5 caras

c. 7 caras

d. 6 caras

10. La pirámide cuadrada tiene...:

a. 3 caras

b. 5 caras

c. 7 caras

d. 9 caras

11. La pirámide cuadrada tiene…:

   a.   9 vértices

   b.   7 vértices

   c.   5 vértices

   d.   3 vértices

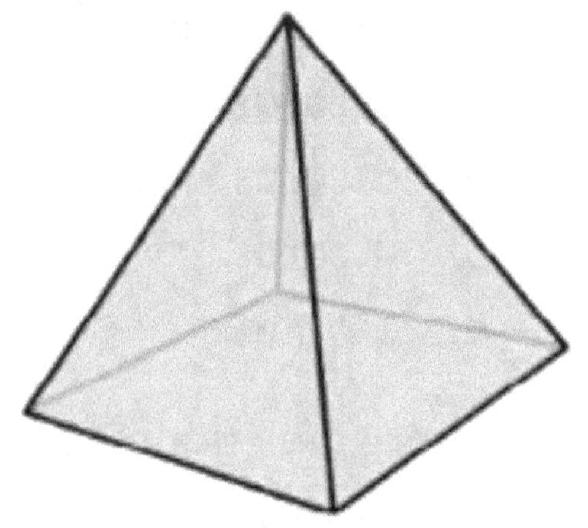

12. La pirámide cuadrada tiene…:

   a.   2 aristas

   b.   4 aristas

   c.   6 aristas

   d.   8 aristas

13. El prisma rectangular tiene…:

   a.   4 caras

   b.   6 caras

   c.   8 caras

   d.   10 caras

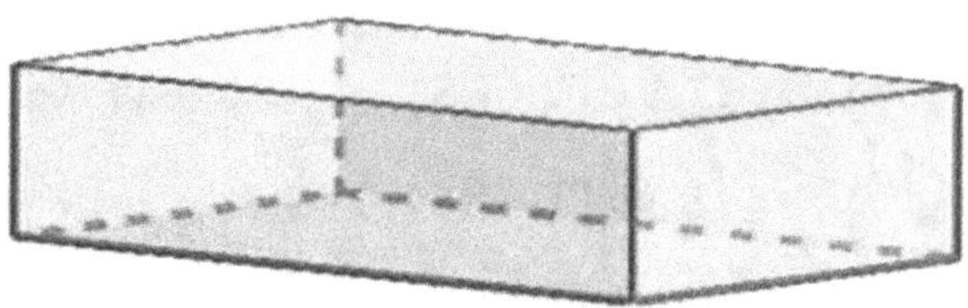

14. El prisma rectangular tiene:

   a.   6 vértices

   b.   2 vértices

   c.   4 vértices

   d.   8 vértices

15. El prisma rectangular tiene…:

   a.   12 aristas

   b.   4 aristas

   c.   8 aristas

   d.   6 aristas

16. Este cuerpo se llama...:

a. Cilindro

b. Esfera

c. Cono

d. Pirámide

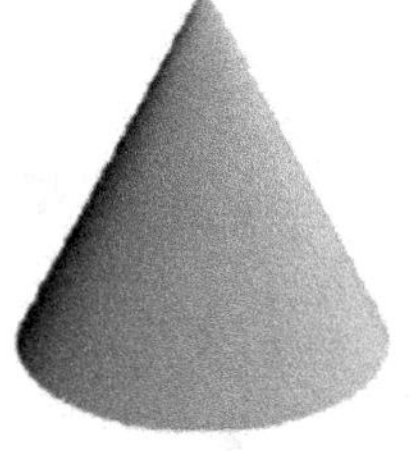

17. Este cuerpo se llama...:

a. Cilindro

b. Esfera

c. Cono

d. Pirámide

18. Este cuerpo se llama...:

a. Cilindro

b. Esfera

c. Cono

d. Círculo

19. ¿Cuál de las siguientes figuras 3D tiene 3 caras?

a. 

b. 

c. 

d. 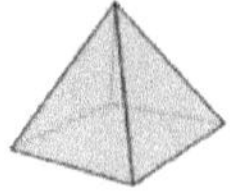

20. ¿A qué figura 3D se parece este objeto?

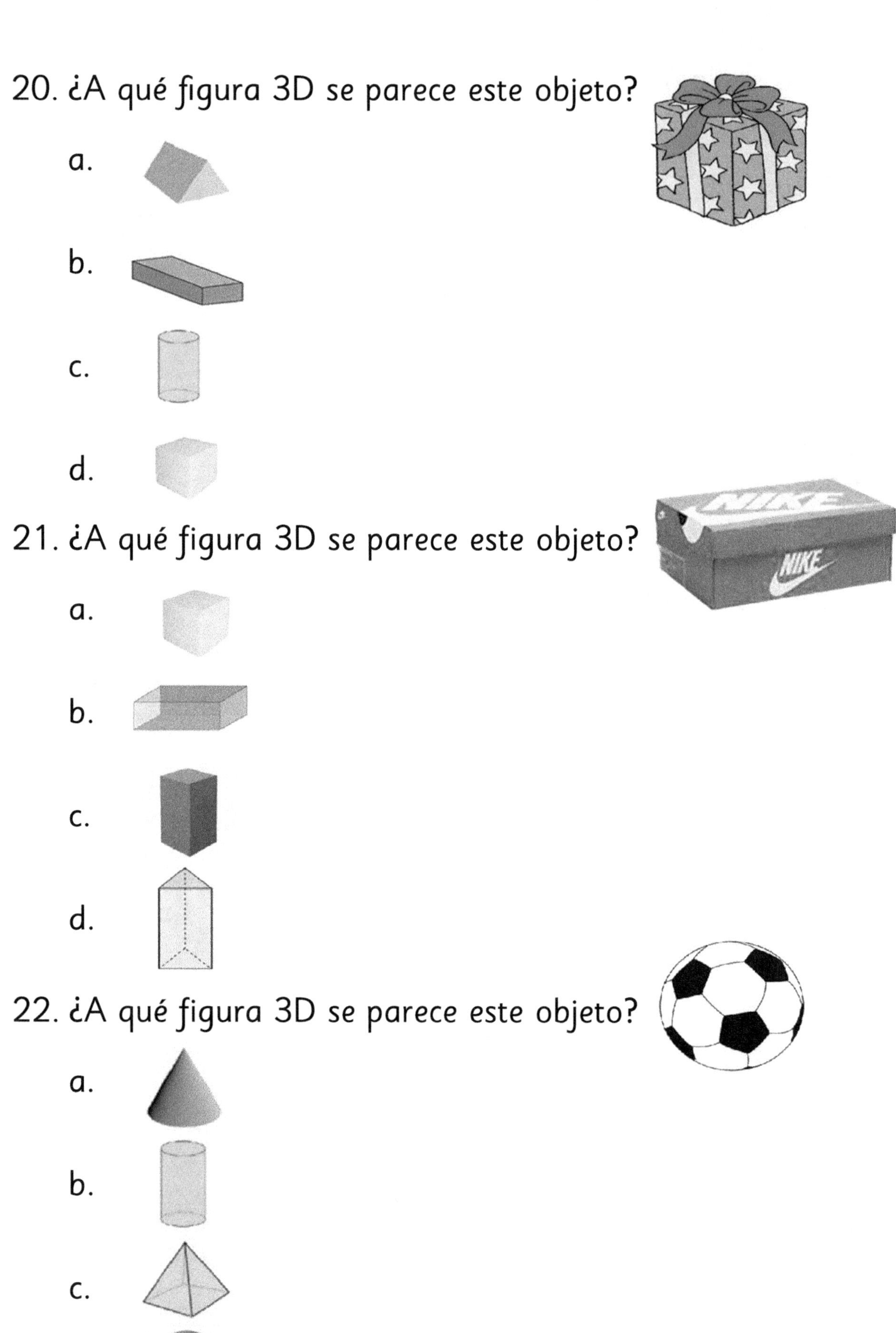

a.

b.

c.

d.

21. ¿A qué figura 3D se parece este objeto?

a.

b.

c.

d.

22. ¿A qué figura 3D se parece este objeto?

a.

b.

c.

d.

23. ¿A qué figura 3D se parece este objeto?

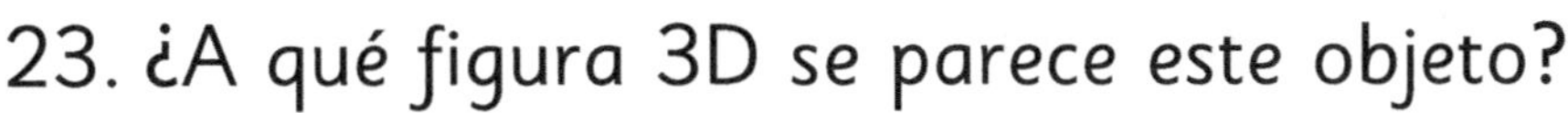

a. 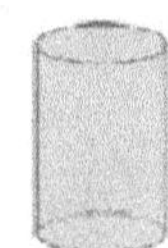

b. 

c. 

d. 

24. ¿A qué figura 3D se parece este objeto?

a. 

b. 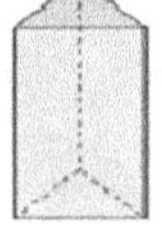

c. 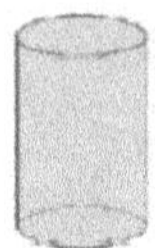

d. 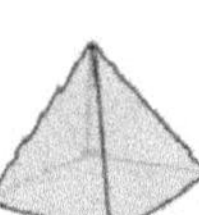

25. ¿Qué figura 3D se puede armar con la siguiente red?

a. Cilindro

b. Pirámide

c. Cubo

d. Prisma cuadrado

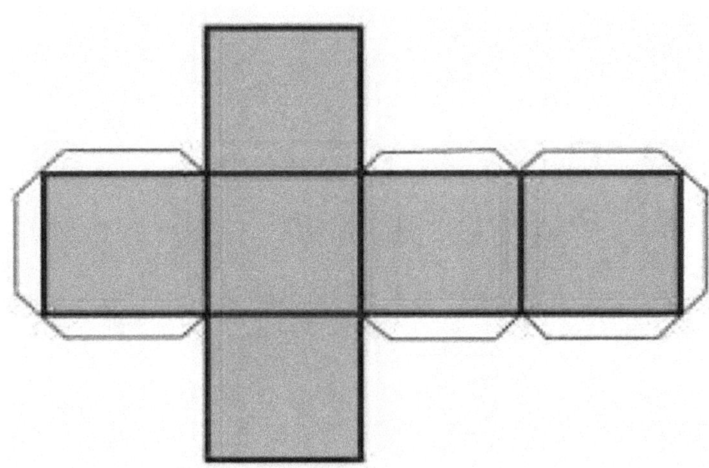

26. ¿Qué figura 3D se puede armar con la siguiente red?

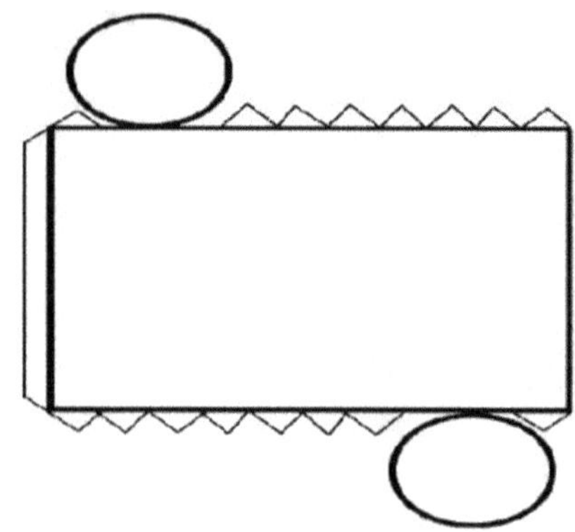

   a. Pirámide triangular

   b. Cubo

   c. Cilindro

   d. Prisma triangular

27. ¿Qué figura 3D se puede armar con la siguiente red?

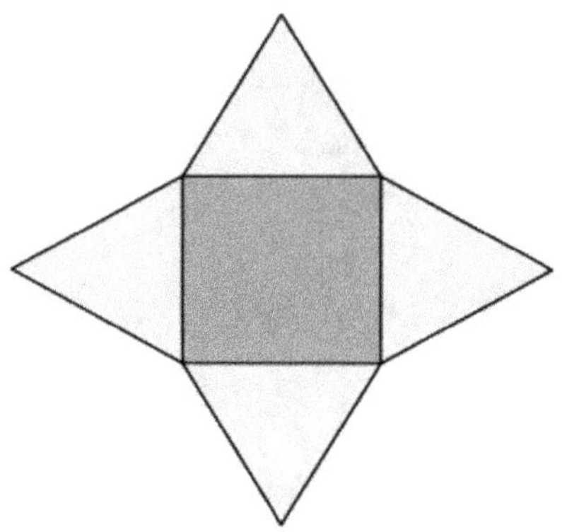

   a. Pirámide cuadrada

   b. Cubo

   c. Cilindro

   d. Prisma triangular

28. ¿Qué figura 3D se puede armar con la siguiente red?

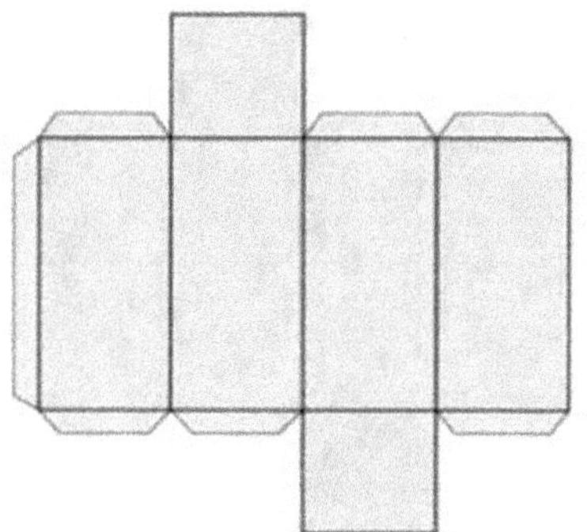

   a. Cilindro

   b. Pirámide

   c. Cubo

   d. Prisma cuadrado

29. ¿Qué figura 3D se puede armar con la siguiente red?

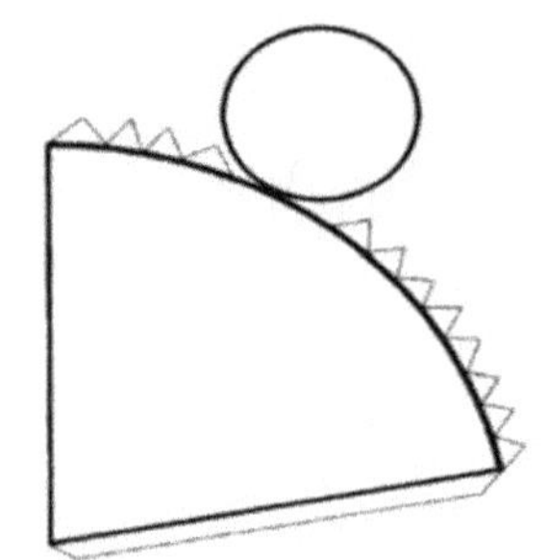

   a. Cilindro

   b. Cono

   c. Cubo

   d. Prisma cuadrado

30. Esta figura geométrica se llama...:
   a. Triángulo
   b. Circunferencia
   c. Cuadrado
   d. Rectángulo

31. Esta figura geométrica se llama...:
   a. Triángulo
   b. Circunferencia
   c. Cuadrado
   d. Rectángulo

32. Esta figura geométrica se llama...:
   a. Triángulo
   b. Circunferencia
   c. Cuadrado
   d. Rectángulo

33. Esta figura geométrica se llama...:
   a. Triángulo
   b. Circunferencia
   c. Cuadrado
   d. Rectángulo

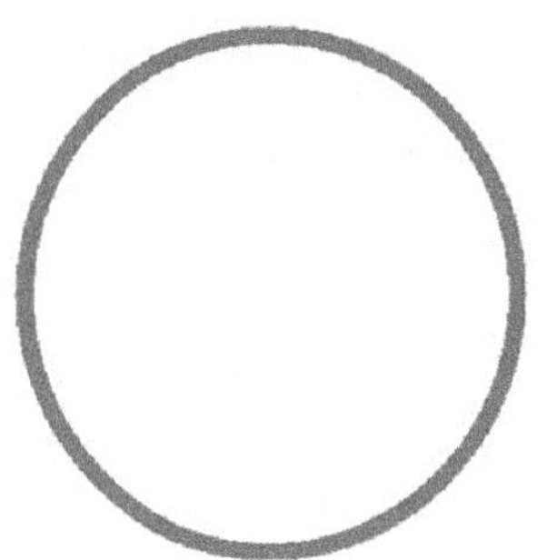

34. La cara pintada ¥¥ la pirámide tiene forma...:

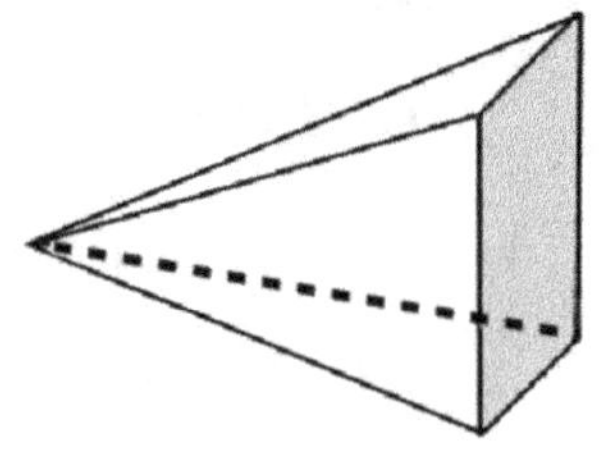

a. Cuadrada
b. Rectangular
c. Triangular
d. Circular

35. La cara pintada del prisma triangular tiene forma...:

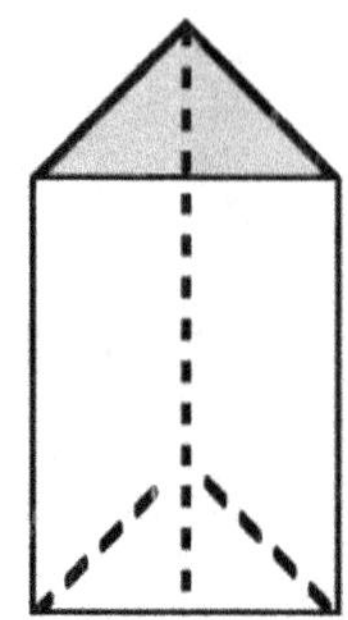

a. Cuadrada
b. Rectangular
c. Triangular
d. Circular

36. La cara pintada del cono tiene forma...:

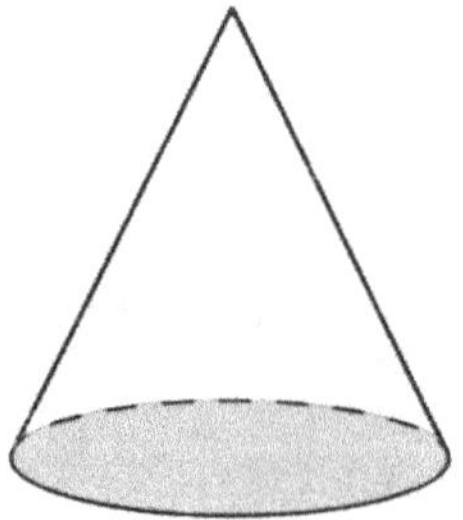

a. Cuadrada
b. Rectangular
c. Triangular
d. Circular

37. La cara pintada del prisma rectangular tiene forma...:

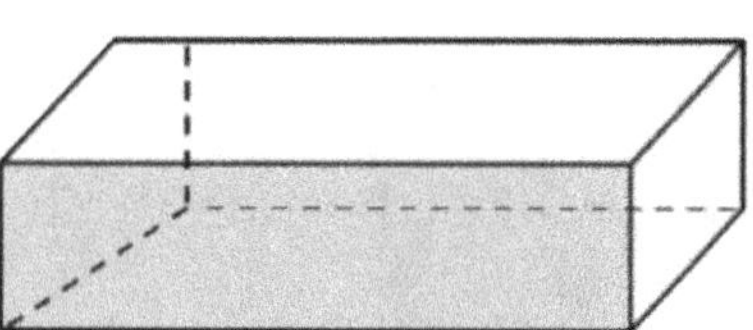

a. Cuadrada
b. Rectangular
c. Triangular
d. Circular

38. La esfera tiene...:

a. Aristas
b. Vértices
c. Una cara curva
d. Una cara plana

39. ¿Cuál de las siguientes figuras geométricas
    tiene la forma de la señal?

a.

b.
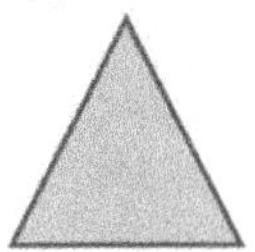

c.

d.

40. ¿Cuántos cuadriláteros puedes ver a continuación?

a. 1

b. 4

c. 6

d. 8

ANEXO

Aspectos metodológicos

- Se debe considerar el nivel de desarrollo cognitivo del niño para que pueda aprender.

- Es recomendable enseñar desde lo global a lo particular debido a las características del desarrollo del pensamiento del niño.

- Todo alumno debe aprender las nociones básicas de referencia espacial. Si tiene dificultad para aprender algunas, hay que insistir en la repetición y la diversificación de las actividades conducentes al aprendizaje respectivo.

- Las actividades deben estar relacionadas con la exploración del espacio real y sus representaciones, haciendo uso de figuras y diagramas.

- Los conceptos espaciales no son innatos: se elaboran y se estructuran mediante experiencias activas.

- El propósito inicial en Geometría es que los niños y las niñas se manejen en el espacio, lleguen a dominarlo y lo construyan por sí mismos.

- La orientación espacial consiste en determinar la posición de un objeto respecto a referencias espaciales: vertical, horizontal y puntos cardinales. Es también la acción de determinar un momento en el tiempo relacionado con un «antes» y un «después».

- En primer y segundo año, los niños no deben saber definiciones de memoria.

Objetivo general

- Desarrollar los conceptos que conducen a desenvolverse mejor en el espacio.

Objetivo específico

Aprender nociones básicas de referencia espacial.

Actividades

- Levantar el brazo derecho, verbalizando enseguida la acción: «tengo levantado el brazo derecho».

- Estrechar la mano a un compañero, tomando nota de que siempre se da la mano derecha.

- Asociar actividades que el alumno realiza usando su mano derecha o izquierda, según sea diestro o zurdo: peinarse, dibujar, etc.

- Hacer mímica de actividades que realiza con la mano derecha o izquierda.

- Atar una cinta de color a la muñeca en el brazo que le sea especialmente difícil de diferenciar.

- Pedirle a un alumno que se ponga delante de otro.

- Extender los brazos hacia adelante.

- Avanzar 3 pasos hacia adelante y luego dar un salto hacia adelante.

- Pedirle a un alumno que se ponga detrás de otro.

- Tomar posición detrás de la mesa.

- Avanzar 3 pasos hacia atrás y luego dar un salto en la misma dirección.

- Extender los brazos hacia atrás.

- Dibujar un cuadrado en el suelo y pedirle al niño que se ubique en su interior.
- Saltar al frente, atrás, a la izquierda y derecha.
- Poner la mano derecha arriba de la mesa y luego debajo.
- Poner ambos pies sobre la silla.
- Permanecer 5 segundos debajo de la mesa.
- Pedir que un alumno se ubique entre dos compañeros.
- Pedirles a los alumnos que se ubiquen entre dos mesas, entre dos sillas, y entre una silla y una mesa.
- Poner una hoja entre ambas manos.
- Poner un lápiz entre las hojas de un cuaderno.
- Pedirles a los alumnos que se acerquen al pizarrón y luego que se ubiquen lejos.
- Pedirle a un alumno que coloque un objeto cerca de la puerta y luego que lo ponga lejos de ella.
- Llevar una caja grande de cartón a la sala de clases.
- Solicitar a un alumno que se pare dentro de ella, verbalizando su ubicación: «estoy dentro de la caja».
- Pedirle a un alumno que se ubique a la derecha de la caja en su exterior.
- Solicitar a diferentes alumnos que coloquen objetos en el interior de la caja.
- Solicitar a otros alumnos que coloquen objetos en el exterior de la caja.
- Nombrar objetos propios que estén fuera de su mochila.
- Nombrar objetos propios que estén dentro de su mochila.

Objetivo específico

Lograr ubicarse adecuadamente en la sala de clases.

Actividades

- Nombrar a los alumnos que están a la derecha y más cerca de la ventana.
- Nombrar a los alumnos que están a la izquierda y más cerca de la puerta.
- Indicar el nombre de los alumnos que están delante del profesor más próximamente.
- Dibujar un plano de la sala de clases.
- Pedir a cada alumno que identifique su ubicación en el plano.
- Observar el plano en posición horizontal y después verticalmente.
- Establecer la diferencia entre ambas posiciones.

Objetivo específico

Cumplir instrucciones aplicando nociones básicas de referencia espacial.

Actividades

- Dibujar un rectángulo en el pizarrón, trazando 2 líneas que lo dividan en 4 partes iguales.
- Solicitar a un alumno que tire una pelota según las instrucciones dadas: a la derecha arriba, a la izquierda abajo, a la derecha abajo y a la izquierda arriba.
- El profesor lanza la pelota y el niño verbaliza la dirección.

Objetivo específico

Descubrir la secuencia en cada serie de dibujos.

Actividades

- Entregarle al alumno una hoja con secuencias en desorden.
- Solicitarle al alumno que nombre 3 acciones que realice antes de venir a la escuela en el orden en que sucedes: levantarse, tomar desayuno, cepillarse los dientes, por ejemplo.
- Solicitarles a los alumnos que nombren 3 acciones que hayan hecho al llegar a la escuela o dentro de la sala de clases según el orden en que ocurrieron.

Objetivo específico

Identificar la posición de un objeto o persona.

Actividades

- Pedirle a un alumno que se ubique de perfil frente a sus compañeros, quedando estos a su lado derecho.
- Solicitar a otro alumno que adopte la posición en cuclillas, de espalda a sus compañeros de curso.
- Presentar un objeto variando su posición.

Objetivo específico

Identificar y comunicar recorridos.

Actividades

- Cuadricular un sector del patio.
- Trazar el lado de cada cuadrado de igual longitud al largo del paso de los niños, aproximadamente.
- Iniciar el desplazamiento a través del cuadriculado desde un punto de partida determinado, obedeciendo las indicaciones del profesor: 3 pasos hacia adelante, 3 a la izquierda, 2 hacia atrás, etc.
- Registrar el recorrido del compañero.
- Iniciar el desplazamiento a través del cuadrado mirando una hoja, la cual indica el desplazamiento que debe seguir de forma codificada.
- Jugar a buscar un tesoro siguiendo las instrucciones dadas en un plano simple.
- Describir trayectos o recorridos.
  Efectuar un desplazamiento en el espacio, siguiendo instrucciones.

La enseñanza de la geometría debe desarrollarse mediante experiencias concretas sobre clases de objetos con propiedades comunes, pero nunca a través de razonamientos abstractos basados en representaciones gráficas. Se inicia con el estudio de los cuerpos geométricos, partiendo de la observación y manipulación de material concreto, y con la construcción de diferentes cuerpos en cartulina, plasticina o greda.

- Las primeras nociones geométricas se desarrollan reconociendo las diferentes partes distinguibles en un cuerpo o sólido geométrico.

- En primer año no es importante el nombre de cada cuerpo geométrico que se estudia, pero el profesor deberá nombrar cada uno correctamente. Asimismo, es aceptable que inicialmente los niños se refieran a los vértices como esquinas o puntas, denominar orillas a las aristas, y a las caras como regiones.

- Los cuerpos que el profesor muestra en la sala de clases, de madera u otro material, son modelos de los cuerpos geométricos, los cuales son entes abstractos.

- Se estudiarán primero las superficies planas; después las curvas, a través de la manipulación de los cuerpos poliedros y redondos.

- Primeramente, el alumno manipulará objetos similares a los cuerpos que estudiará, pero todos deben estar cerrados. Así tendrá la idea intuitiva de cuerpo. Después los pintará o forrará, creando así la idea intuitiva de cuerpo como un objeto cerrado, limitado por superficies.

- ¿Por qué se sugiere modelar cuerpos geométricos?
Porque facilita la distinción de caras planas y curvas, posibilitando la exploración de cortes.

- ¿Cuál es la razón para armar cubos y prismas usando cartón o cartulina y forrarlos?

  Mediante el armado, los alumnos identifican la forma y el número de caras de los cuerpos. Pueden recortar cada una de las caras, compararlas y asociarlas a regiones poligonales. Además, si se trazan líneas en su contorno, representarán polígonos y circunferencias.

- ¿Por qué es conveniente el armado del esqueleto de los cuerpos geométricos con bombillas o palillos?

  Porque se pueden ver claramente las aristas y los vértices.

- ¿Qué es un cuerpo geométrico o sólido geométrico?

  Es un ente abstracto e ideal que tiene tres dimensiones, las cuales reúnen las mismas características de todos los objetos similares, pero que no están formadas por materia.

Caras o regiones

Enfatizar la diferencia existente entre polígono y región poligonal es de gran importancia. Los niños deben identificarlas con total claridad, pues es muy difícil eliminar el aprendizaje erróneo de estos conceptos.

La misma situación ocurre con la diferencia entre círculo y circunferencia.

- ¿Cómo deben aplicar el conocimiento sobre estas regiones?

  Identificándolos en objetos y cuerpos geométricos. Al desarmar cajas, objetos cilíndricos y dados de cartón, deben reconocer tales regiones y compararlas estableciendo semejanzas y diferencias.

- ¿Qué es una región poligonal?

  Es la unión de un polígono y de su región interior. Se debe pintar el interior.

- ¿Qué es una región no poligonal?

Es una región cuya frontera tiene un segmento curvo, o curvos y rectos.

Polígonos

Son las fronteras de una región poligonal. Por tal motivo, no se pinta su interior.

- ¿Qué actividades se pueden realizar con polígonos?
  Clasificarlos según números de lados, copiarlos y crear otros; formar polígonos en un geoplano; crear figuras usando diferentes polígonos.

Objetivo general

Conocer nociones básicas de geometría a nivel intuitivo, posibilitando la observación y la experimentación de las figuras geométricas, a partir de objetos que tengan formas similares a ella.

Objetivo específico

Clasificar objetos según su color.

Actividades

- Agrupar objetos, llevados a la sala de clases, por su color predominante.

Objetivo específico

Clasificar objetos según su tamaño.

Actividades

- Establecer criterios de objetos grandes y pequeños.

- Clasificar los objetos en dos grupos: grandes y chicos.
- Nominar los objetos como cuerpos.
- Mostrar los objetos que identifica el profesor.
- Aceptar que todos los objetos se denominan cuerpos.
- Nombrar cuerpos de su entorno mediato e inmediato.
- Clasificar los cuerpos redondos y no redondos.

Objetivo específico

Clasificar los cuerpos en redondos y no redondos.

Actividades

- Hacer rodar los cuerpos llevados a la sala de clases: lápices, bolitas, tarros, dados, cajas de fósforos, pelotas, etc.
- Reconocer que algunos cuerpos ruedan fácilmente y otros no.
- Nominar cuerpos redondos a los que ruedan; y cuerpos no redondos a los que no ruedan.
- Nombrar cuerpos redondos del entorno.
- Nombrar cuerpos no redondos del entorno.

Objetivo específico

Comprobar que es imposible ver todas partes de un objeto, cualquiera que sea su posición.

Actividades

- Observar un objeto en distintas posiciones e indicar en cada caso las partes que se ven.
- Concluir que es imposible ver todo el objeto, cualquiera que sea su posición.

Objetivo específico

Reconocer cuerpos físicos y geométricos.

Actividades

- Comprobar que los cuerpos físicos están constituidos por materia y tienen peso, color y textura.
- Aceptar que los cuerpos geométricos son ideales pero abstractos.

Objetivo específico

Crear la idea de un cuerpo a nivel intuitivo.

Actividades

- Forrar cajas, tarros y algún objeto cónico si es posible.
- Modelar cuerpos geométricos (cubo, prisma, pirámide, cono, cilindro y esfera) en plastilina u otro material similar.
- Armar cuerpos geométricos usando sus redes.
- Contar las caras de cada cuerpo.
- Pintar los cuerpos armados.

Objetivo específico

Reconocer que los objetos o modelos de cuerpos geométricos presentan tres elementos: regiones, vértices y aristas.

Actividades

- Pasar una mano por las caras de los cuerpos no redondos.
- Notar que los dedos de la mano se mantienen estirados al pasarla por las caras.

- Advertir que cada una de las caras tiene total contacto con la superficie de la mesa.

- Llamar caras planas a las de los cuerpos no redondos o poliedros.

- Pasar la mano por las orillas de los cuerpos que después llamarán aristas.

- Apoyar la palma de la mano sobre las esquinas o puntas de los cuerpos que después denominarán vértices.

- Indicar que las caras se nombran también como regiones.

- Pasar una mano por las regiones de los cuerpos redondos.

- Notar que los dedos se curvan al tomar contacto con la cara de una pelota.

- Observar que una mínima parte de la cara de la pelota toca la superficie de la mesa.

- Llamar cara curva a la única que presenta la pelota.

- Distinguir que, al pasar una mano por las caras de un tarro, hay una cara lateral curva y dos caras basales planas.

- Diferenciar vértices, aristas y caras en los cuerpos redondos que tienen estos elementos.

- Armar el esqueleto del cubo, del prisma rectangular y de la pirámide cuadrada usando bombillas o palillos y plasticina para formar los vértices.

Objetivo específico

Reconocer caras o regiones triangulares, cuadradas, rectangulares y circulares, y jugar con modelos de regiones geométricas buscando regularidades.

Actividades

- Observar las caras de los cuerpos, distinguiendo que tienen diferentes formas.
- Nominar regiones triangulares a las caras laterales de una pirámide.
- Llamar caras cuadradas a las regiones del cubo.
- Comprobar que los lados de las regiones cuadradas son de igual medida.
- Denominar regiones rectangulares a las caras de un prisma rectangular.
- Comprobar que la longitud de los lados de las caras de un prisma es diferente.
- Llamar regiones circulares a las caras basales del cilindro y a la cara basal del cono, representados por modelos físicos.
- Reconocer que dos caras consecutivas de un cuerpo forman una arista.
- Manipular un objeto mencionado por el profesor, señalando sus partes distinguibles y nombrándolas aunque sea en palabras propias.
- Crear figuras libremente usando las regiones

Objetivo específico

Diferenciar los elementos de una región geométrica.

Actividades

- Recordar que las regiones son las caras de los cuerpos.
- Mostrar una hoja de papel rectangular que representará una región.
- Tomar la hoja con la mano izquierda e intentar atravesarla con la mano derecha empuñada.

- Concluir que no es posible atravesar el papel con la mano.

- Tomar con la mano izquierda un rectángulo de alambre con las mismas dimensiones de la hoja.

- Pasar la mano a través del rectángulo.

- Establecer claramente la diferencia entre región poligonal y polígono.

- Recordar que el polígono es la frontera de la región poligonal.

- Tomar con la mano izquierda un círculo de papel y atravesarlo con la mano derecha empuñada.

- Tomar con la mano izquierda una circunferencia de alambre y atravesarla con la mano derecha empuñada.

- Establecer claramente la diferencia entre círculo o región circular y circunferencia.

- Recordar que la circunferencia es la frontera del círculo.

- Tomar modelos de cuerpos geométricos y marcar en una hoja las fronteras de sus regiones.

Objetivo específico

Diferenciar los siguientes polígonos: triángulo, cuadrado y rectángulo.

Actividades

- Marcar la frontera de una cara de una pirámide y denominarla triángulo.

- Marcar la frontera de una cara de un cubo y denominarla cuadrado.

- Marcar la frontera de una cara de un prisma rectangular y denominarla rectángulo.

- Construir triángulos, cuadrados y rectángulos con palos de fósforos o bombillas.

- Copiar en el cuaderno los polígonos formados.

Objetivo específico

Identificar líneas rectas y curvas.

Actividades

- Observar en el cubo que, a partir del vértice A de un cubo, se puede llegar al vértice B siguiendo la dirección de la arista.
- Señalar la dirección de la arista, entre A y B, pegando cereales.
- Reconocer que, de A hasta B, se puede llegar de diferentes maneras y por diferentes caminos (rectas y curvas).
- Señalar las diferentes formas o caminos que se pueden seguir para llegar hasta B desde A pegando cereales.
- Nominar a estas formas o caminos de unión, entre A y B, como líneas.
- Reconocer que las líneas son conjuntos de puntos representados por cada cereal.
- Nominar como línea recta a la formada por puntos que siguen una misma dirección.
- Nominar como línea curva a la formada por puntos que cambian de dirección.

Objetivo específico

Reconocer líneas poligonales abiertas y cerradas; curvas abiertas y cerradas.

Actividades

- Observar los polígonos de alambre y notar que sus lados representan segmentos de recta.

- Indicar que una línea poligonal está formada por segmentos sucesivos de rectas.

- Concluir que un polígono es una poligonal cerrada.

- Separar los extremos de los polígonos de alambre formando la representación de una poligonal abierta.

- Representar curvas cerradas con alambre y luego dibujarlas en el cuaderno.

- Separar los extremos de las curvas cerradas y dejarlas como curvas abiertas.

- Tomar una circunferencia de alambre e indicar las características particulares de esta línea curva cerrada.

Objetivo específico

Realizar construcciones utilizando cajas o representaciones de cuerpos geométricos.

Actividades

- Recortar y pegar sobre un cartón las redes de los cuerpos geométricos, las cuales aparecen en las páginas finales del texto.

- Armar los cuerpos usando las redes.

- Realizar libremente construcciones usando los cuerpos geométricos armados.

- Construir edificios, robots, naves espaciales, vehículos etc., u otras expresiones de creatividad utilizando cajas o modelos de cuerpos geométricos.

- Permitir la libre expresión de la creatividad infantil.

GLOSARIO

Arista: son las orillas de las caras. Es el segmento que se forma al cortarse o al intersectarse dos caras.

Cara o región: es cada una de las superficies que limita a un cuerpo.

Cilindro: cuerpo geométrico limitado por dos caras basales circulares y una cara lateral curva.

Círculo o región circular: es la unión de la circunferencia con su interior.

Circunferencia: es una línea curva cerrada simple, cuyos puntos están a la misma distancia del centro.

Cono: cuerpo geométrico que está limitado por dos caras: una cara basal circular plana y una cara curva lateral.

Cuadrado: polígono de cuatro lados de igual longitud y cuatro ángulos rectos.

Cuadrilátero: es un polígono de cuatro lados.

Cubo: cuerpo geométrico que tiene seis caras de igual forma y tamaño. Tiene doce aristas y ocho vértices.

Cuerpo físico: es un cuerpo que tiene masa, es decir, una cantidad de materia.

Cuerpo geométrico o solido geométrico: es una figura geométrica tridimensional que ocupa un lugar en el espacio. Está limitado por superficies planas, planas y curvas, o solamente por una cara curva.

Dimensión: es la medida en una dirección.

Dirección de la recta: puede ser horizontal como la línea del horizonte, vertical como el hilo a plomo, u oblicua cuando es distinta a las dos anteriores.

Elementos de un cuerpo: son las partes distinguibles en un cuerpo, es decir, caras, aristas y vértices.

Esfera: un cuerpo geométrico que tiene una cara curva y no cuenta con aristas ni vértices.

Espacio geométrico: es el conjunto universo de la geometría. Se describe como un conjunto infinito de puntos.

Figura 2D: figura geométrica que tiene dos dimensiones: largo y ancho.

Figura 3D: figura geométrica que tiene tres dimensiones, es decir, largo, ancho y altura.

Figura geométrica: es un conjunto no vacío de puntos.

Línea: es una sucesión infinita de puntos

Paralelepípedo: es un poliedro que tiene seis caras que son paralelas en pares y cuyas fronteras son paralelogramos.

Pirámide: es un poliedro irregular cuyas caras laterales son triangulares y su cara basal es una región poligonal cualquiera.

Polígono: es una figura cerrada 2D o bidimensional, cuyos lados son segmentos de rectas.

Prisma: es un poliedro que tiene dos caras basales paralelas de igual forma y tamaño. Sus caras laterales son rectangulares.

Punto: es el elemento fundamental en geometría. Solo tiene posición en el espacio y carece de dimensiones.

Rectángulo: cuadrilátero cuyos lados opuestos son paralelos, tienen la misma longitud y forman cuatro ángulos rectos.

Triángulo: polígono formado por tres lados y tres ángulos.

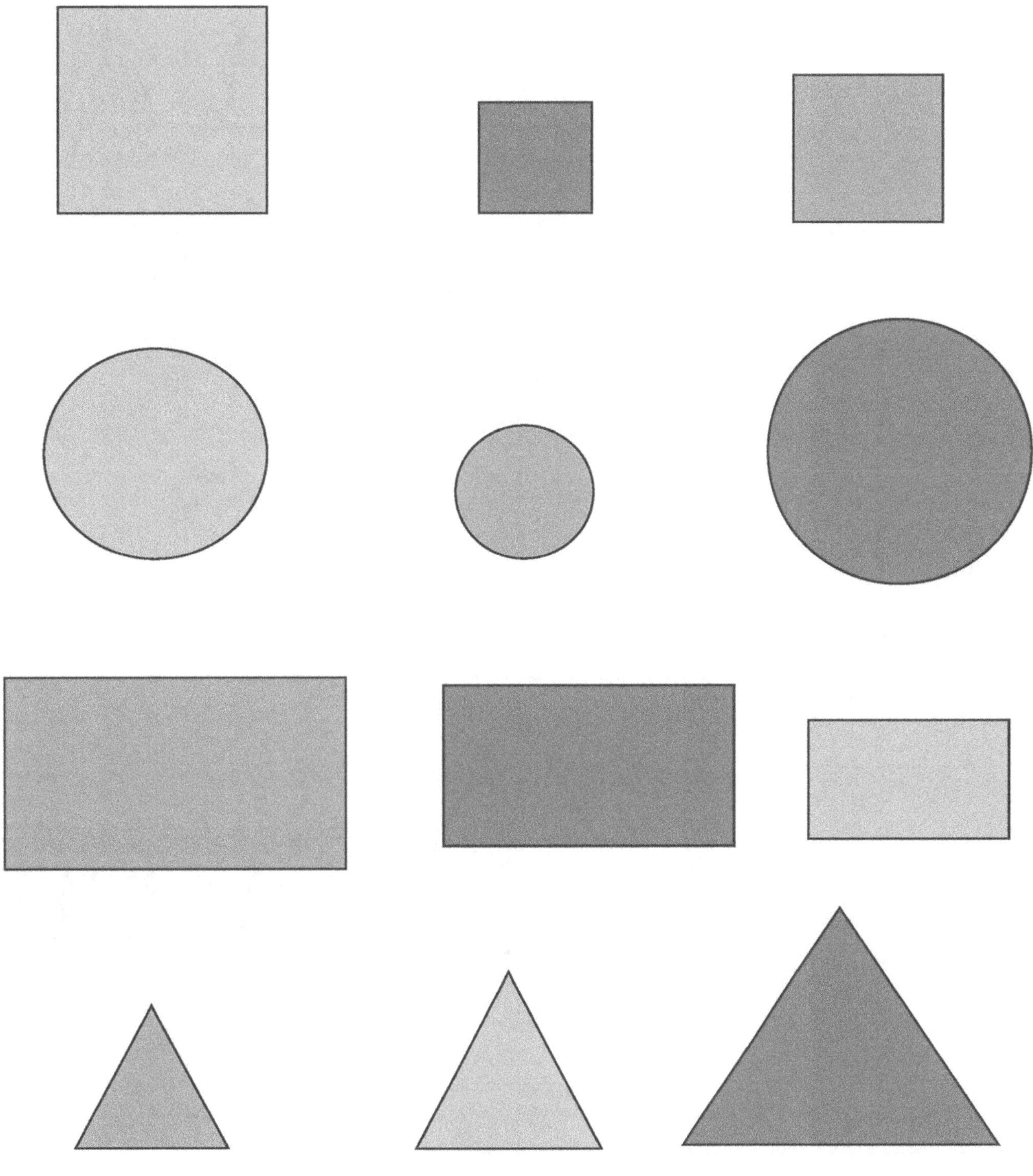

Colorea los diferentes triángulos con distintos colores

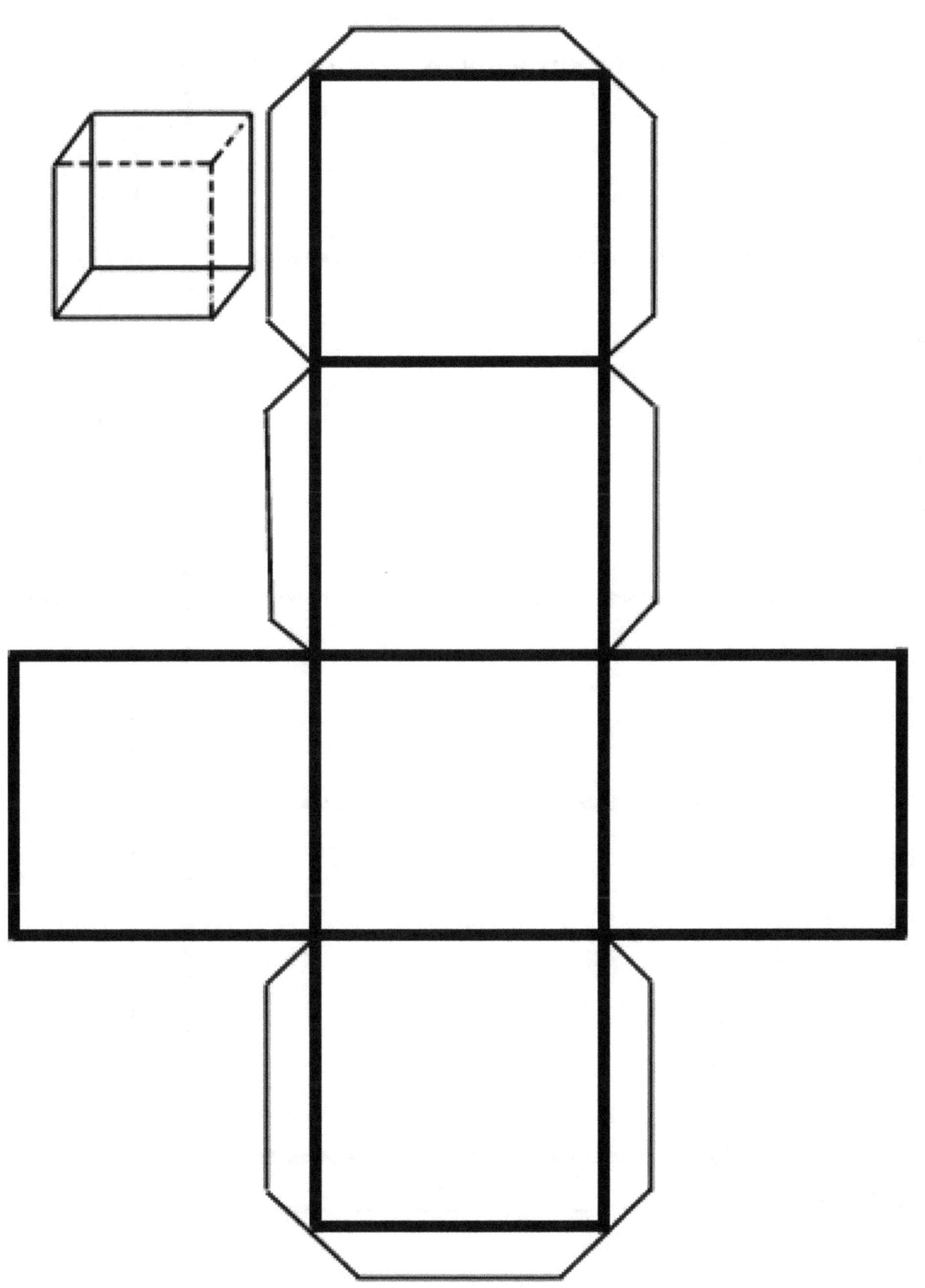

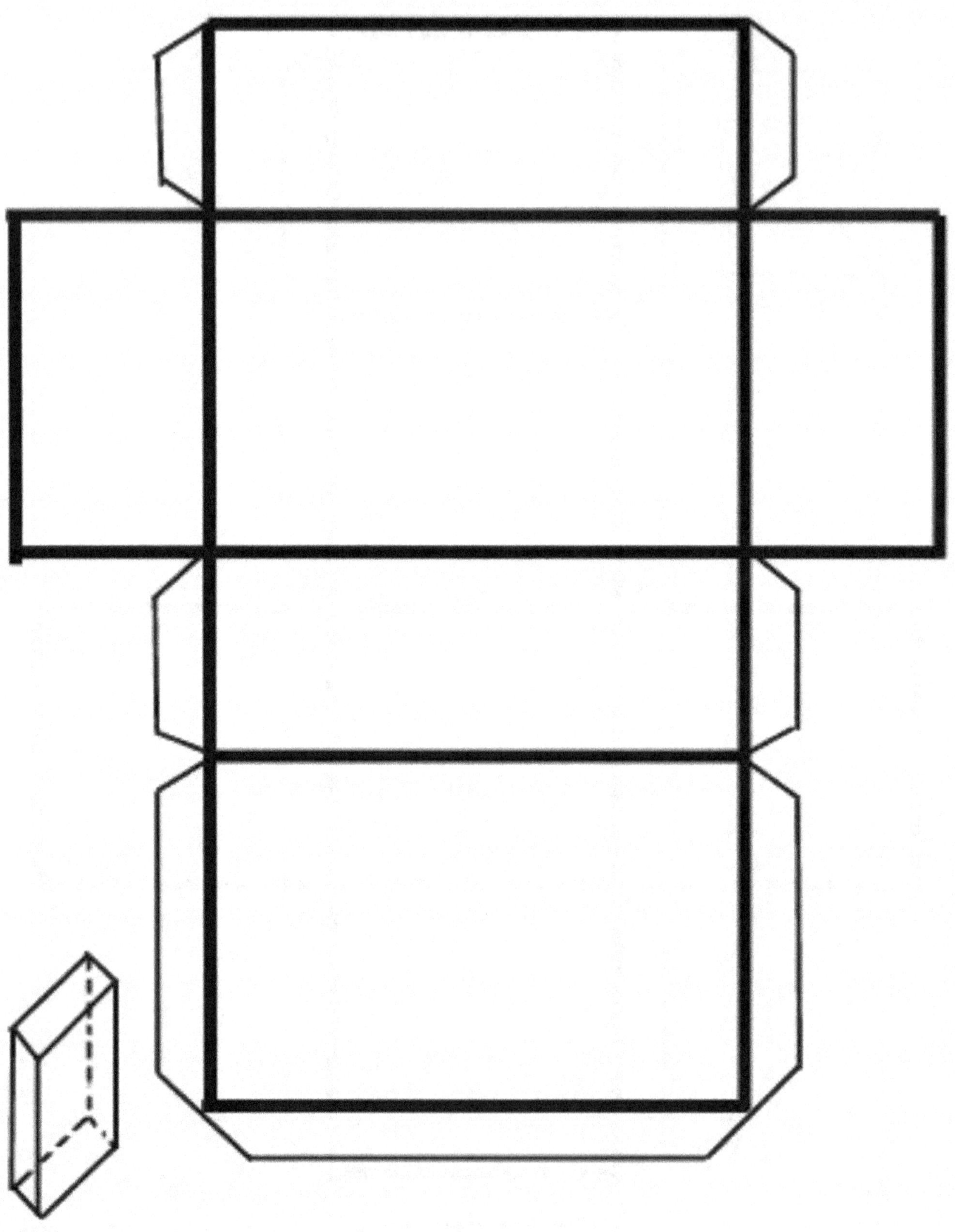

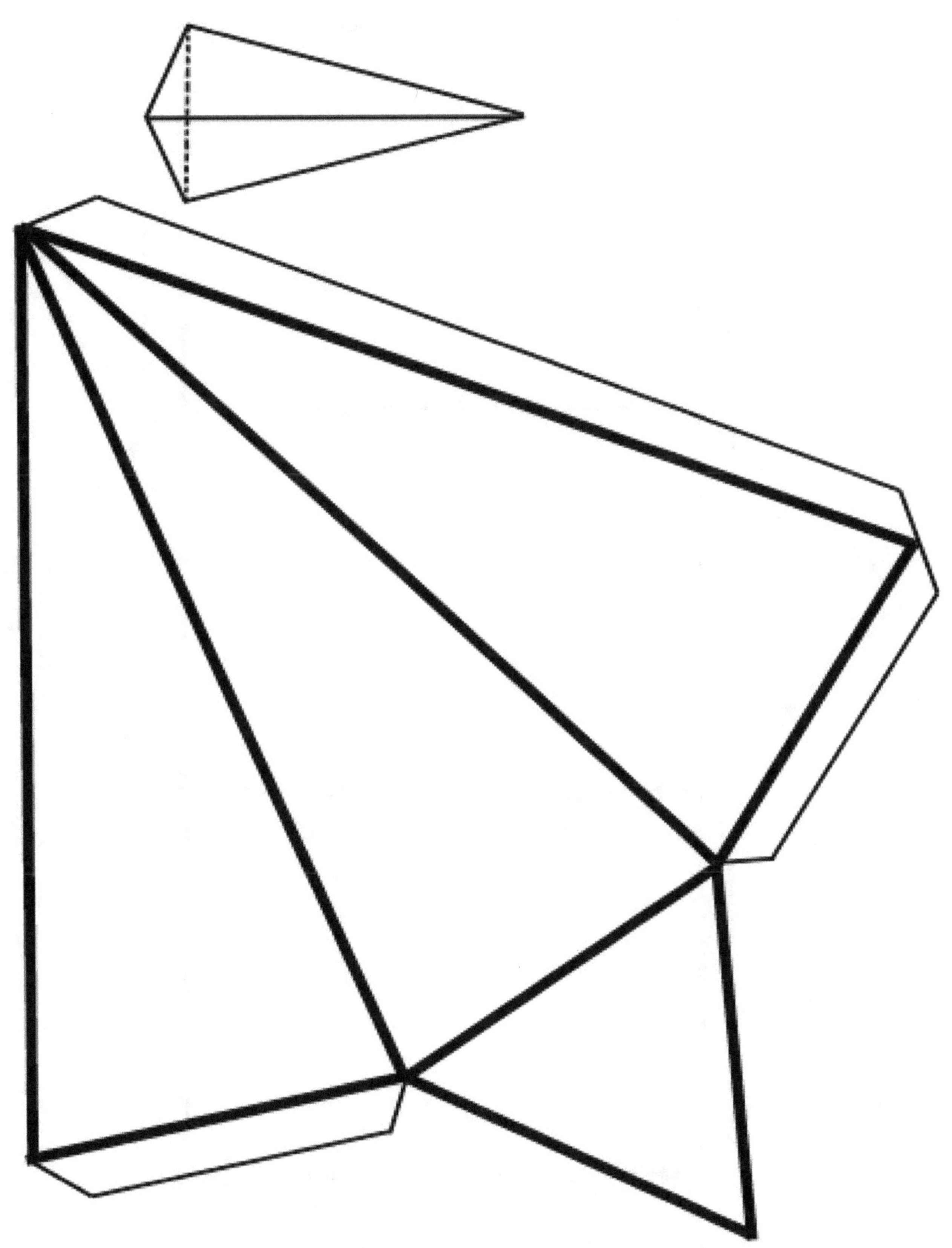

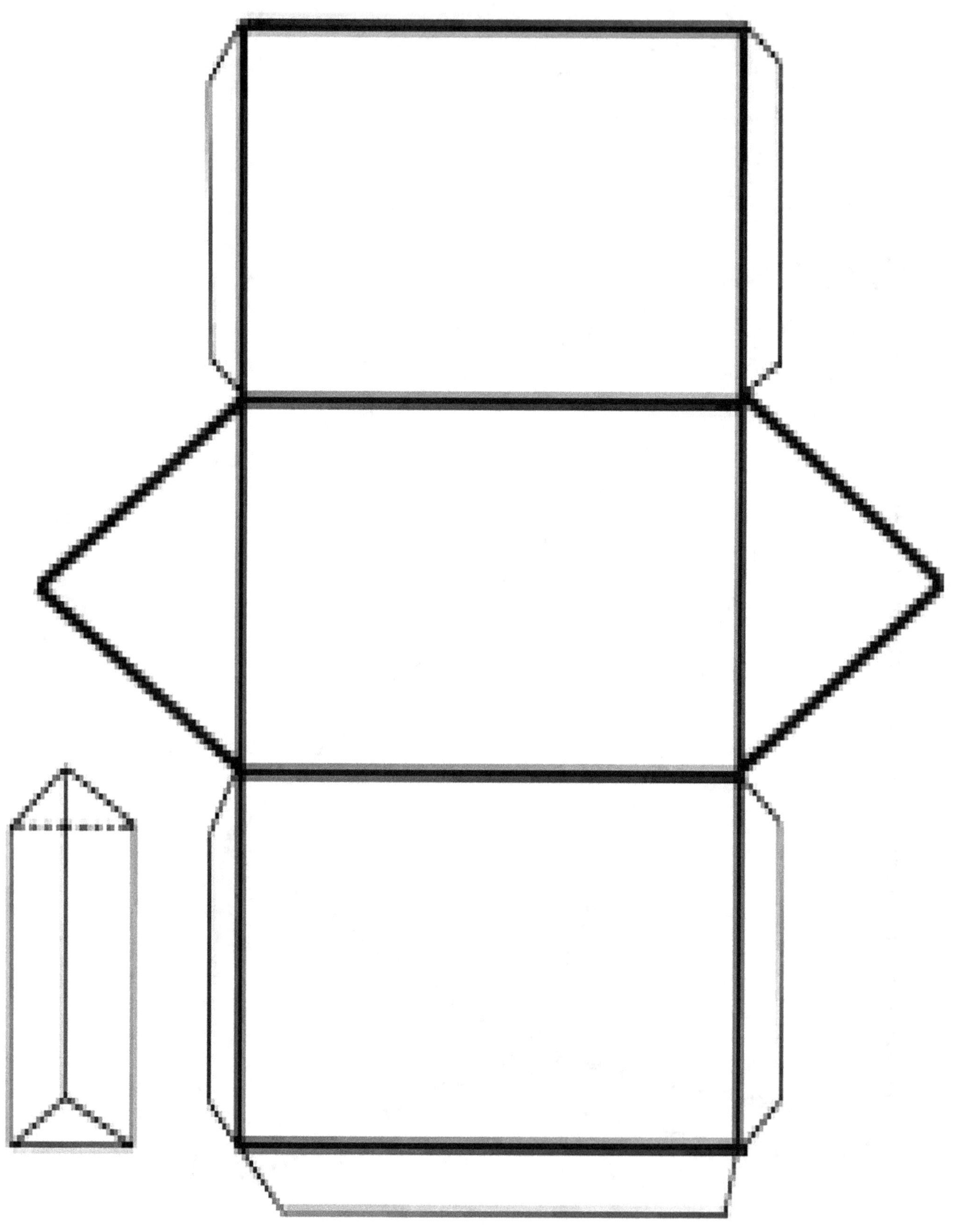

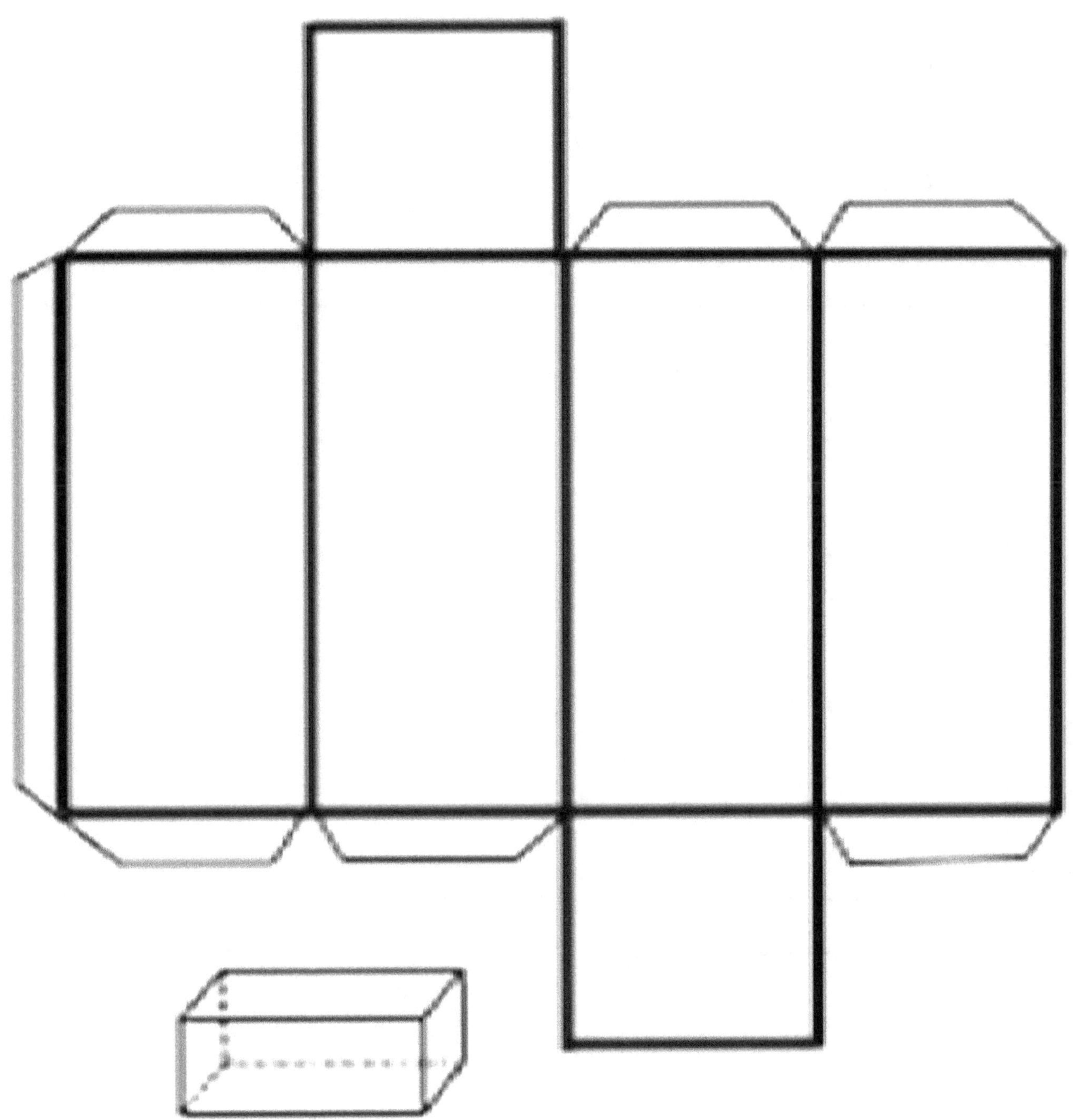

RED PRISMA TRIANGULAR

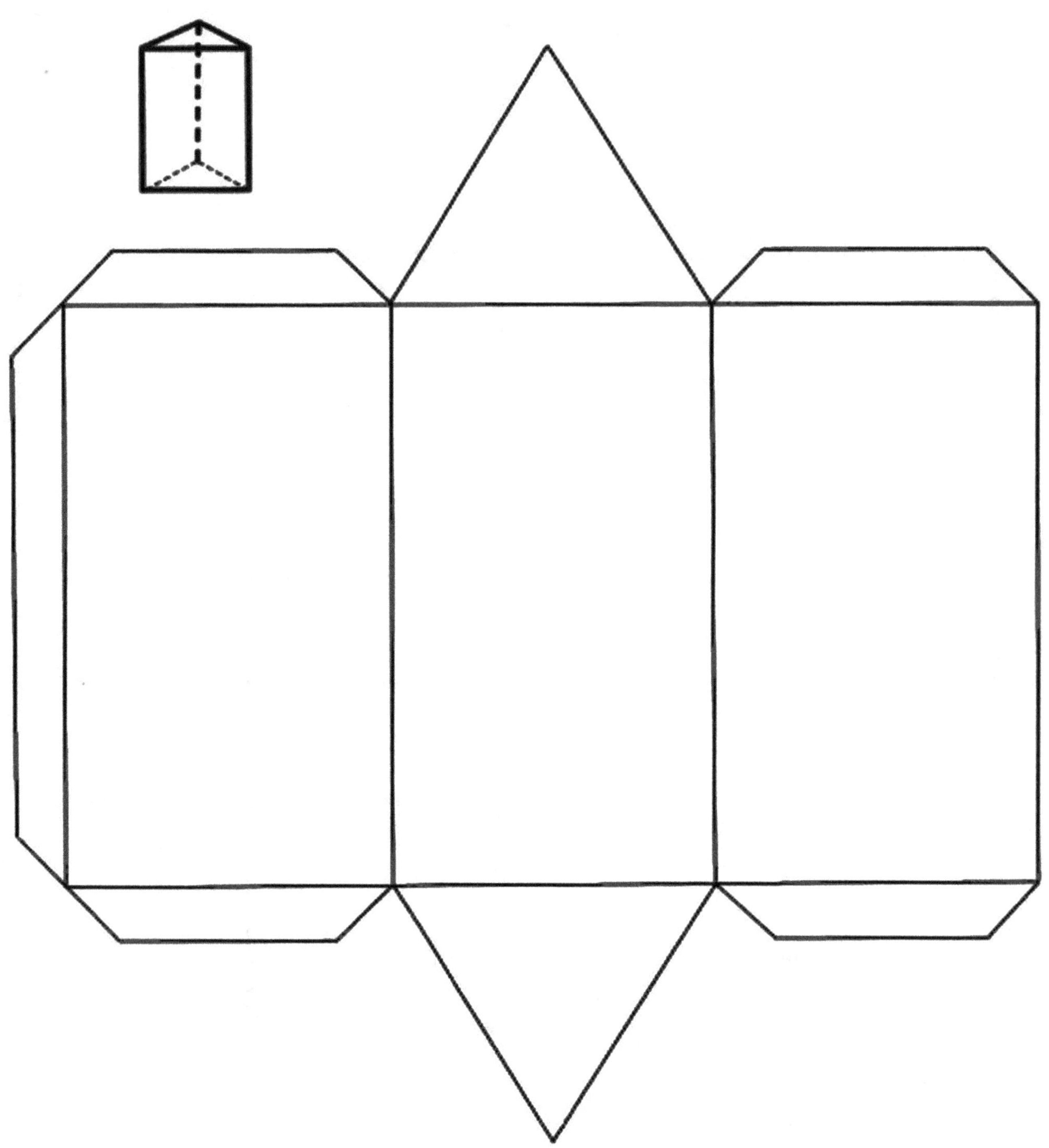

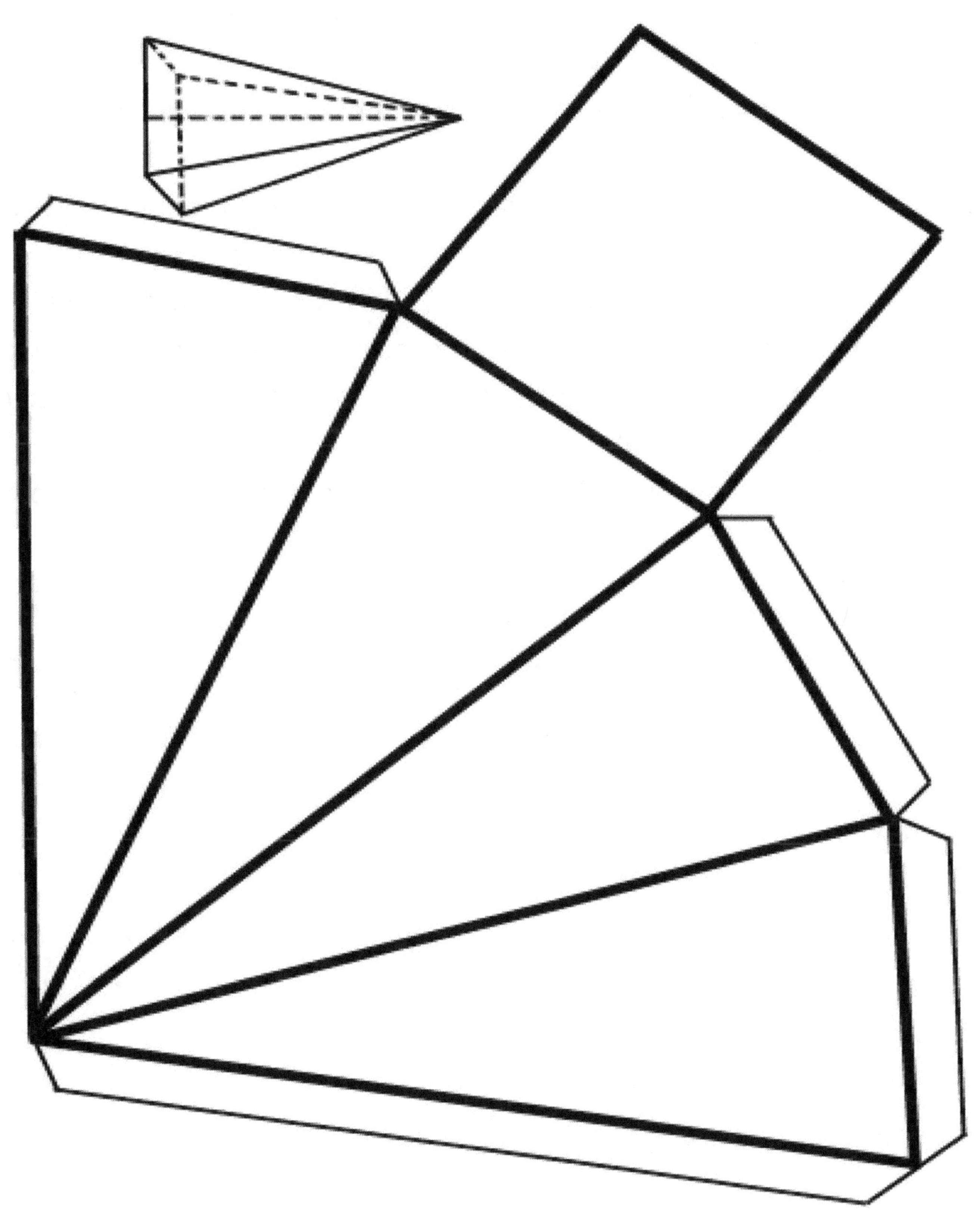

REFERENCIAS BIBLIOGRÁFICAS

Cortés Toro, Camila (2017). Matemática 1. Primero básico. Ediciones Cal y Canto.

Droguett Villarroel, Sandra (2021). Matemática 1° básico. Ediciones Providencia.

Isoda, Masami (s. f.). Sumo Primero. Texto del estudiante. Editorial Gakko Tosho Co, LTD

Programa de Educación Rural (2014-2022). Módulos didácticos de Matemática 1° y 2° para la enseñanza y aprendizaje en escuelas multigrado. División de Educación General. Ministerio de Educación. Santiago de Chile.

Ubilla Díaz, Carolina (2021). Matemática 2° básico. Ediciones Providencia.

Lecturas recomendadas

*Formación docente: desde la reivindicación
por la transformación y justicia educativa*
(Francisco Gárate)

*Comunicación y expresión oral y escrita:
el poder del diálogo*
(Wendy Santos)

Lectura comprensiva: una mirada multidimensional
(Varios autores)

*La inferencia y la comprensión lectora
en la Educación Básica Regular, Vol. 1*
(Patricia Emperatriz Chávez Espinoza)

*Educación en línea. Parámetros fundamentales
para la educación virtual en el contexto colombiano*
(Brigitte Rodríguez Mendoza)

*Gimnasia cerebral aplicada en estrategias didácticas.
En busca del rendimiento académico*
(Wildoro Ramírez Ramírez)